KU-633-423

Pafaroti Llanbed
Hunangofiant Timothy Evans

Gol. Lyn Ebenezer

Diolch i Tim Jones am gael benthyg lluniau ar gyfer y clawr ôl a'r tu mewn i'r llyfr.

Cyflwynedig Er Cof am Dad a Mam

NEATH PORT TALBOT
LIBRARIES

CL. B EVA

DATE 10/1/13 PR. 750

LOC. YST

No. 2000592930

Argraffiad cyntaf: 2011

ⓗ testun: Timothy Evans a Lyn Ebenezer/y cyhoeddiad: Gwasg Carreg Gwalch

Cedwir pob hawl. Ni chaniateir atgynhyrchu unrhyw ran/rannau
o'r gyfrol hon mewn unrhyw ddull na modd
heb drefniant ymlaen llaw gyda'r cyhoeddwyr.

Rhif rhyngwladol: 978-1-84527-361-3

Mae'r cyhoeddwr yn cydnabod cefnogaeth ariannol
Cyngor Llyfrau Cymru

Cynllun clawr: Sion Ilar

Cyhoeddwyd gan Wasg Carreg Gwalch,
12 Iard yr Orsaf, Llanrwst, Conwy, LL26 0EH.
Ffôn: 01492 642031 Ffacs: 01492 641502
e-bost: llyfrau@carreg-gwalch.com
lle ar y we: www.carreg-gwalch.com

Argraffwyd a chyhoeddwyd yng Nghymru.

Timothy Evans
(Pafaroti Llanbed)

Rhoddodd hwn yn rhydd o'i ddoniau – a'i lais
Yn melysu'n horiau,
Gan agor holl drysorau
Y gân, heb un nodyn gau.

John Phillips

Prolog

Fe hoffwn i fedru dweud fod canu yn fy ngwaed. Fy mod i, yn dair oed, wedi dringo i ben stôl i ganu 'Iesu Tirion'. Fy mod i'n medru dilyn y Tonic Sol-ffa yn bedair oed. Yn medru darllen miwsig hen nodiant yn bump oed. Ac i mi ennill fy ngwobr eisteddfodol gyntaf pan o'n i'n chwech. Ond fedra i ddim.

Yn blentyn, doedd dim unrhyw arwydd fy mod i'n mynd i fod yn ganwr. Ro'n i'n faban ac yn blentyn gwan, yn gorfod cymryd fitaminau, ac o dan draed Mam gydol yr amser. Yn ôl fy chwaer Meryl ro'n i wedi fy nghlymu wrth linynnau ffedog Mam. Ac yn ddrygionus tu hwnt. Roedd hi mor debygol y byddwn i'n tyfu i fod yn berfformiwr cyhoeddus ag oedd hi i'r Pavarotti ifanc fynd ymlaen i fod yn joci. Yn wir, ro'n i yn fy arddegau canol cyn i mi erioed gystadlu o ddifrif.

Ar ddamwain, bron y gwelwyd fod gen i addewid fel canwr. Fe wnes i ganu yn eisteddfod yr ysgol yn fy arddegau cynnar. Ac er mawr syndod i bawb – yn arbennig i mi – fe wnes i ennill. Yn wir, fe wnes i guro rhai unawdwyr profiadol. Hynny fu'r sbardun i fynd ymlaen, er mai pobl eraill wnaeth weld addewid ynof, nid fi.

Canwr anfoddog fûm i ar y dechrau. Felly ydw i o hyd, i raddau. Yn groes i'r graen, ar anogaeth Mam ac un o'i chwiorydd y gwnes i ddechrau cystadlu ac, yn wir, ddechrau dod i fwynhau canu. Ond gwell gen i oedd byd natur, yng nghanol y myrdd o greaduriaid a gadwai Dad ar y caeau ac yn y cytiau oedd ynghlwm wrth ein cartref. Yn raddol fe wnes i dyfu i garu canu gymaint ag oeddwn i'n caru creaduriaid y tyddyn bach, ond ddim i garu'r teithio oedd yn rhan anhepgor o'r busnes.

Yn raddol fe ddatblygodd eisteddfod a chyngerdd i fod

lawn mor bwysig i mi â marchnad a sioe amaethyddol. Bûm yn ddigon ffodus i gael llwyddiant yn y ddau faes, a gwneud cannoedd o ffrindiau drwy'r ddau weithgaredd. Bu cael fy medyddio'n Bafaroti Llanbed yn fraint annisgwyl ac annheilwng. Luciano Pavarotti, brenin yr 'C' uchel yw arwr y gân i mi. Ef oedd canwr mwya'r byd (o ran dawn a maint). Ond mae gwahaniaeth mawr rhyngom. Fedra i ddim, er enghraifft, ddychmygu Pavarotti mewn welingtons, a rheiny'n drwch o ddom gwartheg. Mwy na fedra i ddychmygu fy hun yn ei lordio hi fel rhyw bengwin balch ar lwyfan La Scala ym Milan.

Testun chwilfrydedd i lawer yw pam na wnes i fynd ymhellach, drwy fynd i goleg cerdd a theithio'r byd. Fe ges i ddigon o gyfle ac o gynigion i wneud hyn. Ac rwy wedi teithio rhannau o'r byd, ond ddim i'r graddau y medrwn i fod wedi gwneud petawn i wedi dal ar bob cynnig. Ni fu gen i erioed unrhyw gymhelliad i adael ardal Llanbed am borfa frasach a glasach. Dyn fy milltir sgwâr ydw i, ac yn hapus i aros yno. Ble bynnag yr awn, y nod oedd ceisio dod adre'r un noson. Dyn syml sy'n hoffi pleserau syml ydw i. Does gen i ddim uchelgais ar wahân i ddod â phleser i eraill. Ac os yw hynny wedi dod â phleser i mi hefyd, ynghyd ag ambell wobr ac ychydig glod, yna mae e wedi bod yn fonws. Y gwobrau mwyaf i mi eu hennill erioed yw'r holl ffrindiau a wnes i yn fy nau ddewis faes a thu ôl i gownter y Swyddfa Bost.

Erbyn hyn, a finne eleni wedi cyrraedd yr hanner cant oed ac wedi rhoi'r gorau (dros dro, o leiaf) i ganu'n gyhoeddus dyma'r adeg ddelfrydol, hwyrach, i mi grynhoi fy atgofion. Rhyw daflu maich oddi ar fy ngwar, chwedl yr emynydd mawr. Gobeithio y byddan nhw o ryw ddiddordeb i chi'r darllenwyr.

Timothy Evans
Hydref 2011

Canu fel Cana'r Caneri

Fe fydd pobl yn gofyn i mi'n aml pam – a sut – wnes i droi at ganu. Mae'r ateb yn syml. Fe fyddai Nhad yn cadw pob math ar greaduriaid. Yn eu plith byddai ugeiniau o ganeris. Ac er mai grawn milet fyddai bwyd y rheiny, yn hytrach na Bara Angylion Duw, o fyw yng nghanol eu trydar beunyddiol, pa ryfedd mod i'n ganwr?

Gwamalu ydw i, wrth gwrs. Y gwir amdani yw mai rhywbeth a dyfodd yn raddol yn fy mywyd oedd canu. Yn blentyn doedd yna ddim arwyddion arbennig y byddwn i ryw ddiwrnod yn denor a fyddai'n ymddangos ar lwyfannau eisteddfodau a chyngherddau ac yn recordio cryno ddisgiau. I'r gwrthwyneb. Plentyn digon swil oeddwn i yn dioddef o wendid corfforol. Ro'n i'n llanc erbyn i mi ddechrau teimlo

Y teulu cyfan ar aelwyd Y Bryn.

8

fod gen i rywbeth i'w gynnig. Yn blentyn, roedd gen i ormod o ddiddordebau eraill heb i mi ddechrau meddwl am ganu.

Do, cefais blentyndod hapus – yn wir, plentyndod delfrydol – ar aelwyd Siop y Bryn, neu Bryn Stores, Silian. Yn wir, fedrai'r un plentyn fod wedi cael plentyndod hapusach. Yn y siop oedd Swyddfa Bost yr ardal hefyd. Fe fedrech ddweud fod y fro wedi gadael ei stamp arna i.

Yn faban gyda Meryl, fy chwaer. Doedden ni ddim mor gariadus â hyn bob amser!

Hyfryd oedd cael byw mewn cymdeithas glòs mewn pentre bach tua thair milltir o ganol Llanbed, lle'r oedd pawb yn adnabod ei gilydd. Petai cystadleuaeth am bentre lleiaf Cymru, fyddai Silian ddim ymhell o'r brig. Gan fod y pentre ar y ffordd gefn droellog a serth, anaml iawn y byddai dieithriaid yn galw. Haws iddyn nhw fyddai mynd o'r tu arall heibio ar hyd y ffyrdd mwy uniongyrchol a lletach rhwng Tregaron a Llanbed neu rhwng Llanbed ac Aberaeron heb wyro ar hyd y ffordd droellog, gul rhwng clwstwr o dai, eglwys a mynwent, capel, ysgol a siop.

Ar yr wyneb, lle bach tawel, llonydd oedd Silian. Yn union fel mae twmpath morgrug, ar yr wyneb, yn ymddangos yn llonydd. Ond o dan yr wyneb roedd yna bob math o weithgaredd. Roedd hynny'n arbennig o wir am fy nghartref, lle'r oedd yna rywbeth yn digwydd byth a hefyd.

Ar wahân i lond sw o greaduriaid, dim ond pedwar oedden ni ar yr aelwyd, fy rhieni, fy chwaer Meryl a finne. Ganwyd fi bum mlynedd ar ôl Meryl. Fe'i ganwyd hi yn 1956 a finne ym mis Mai 1961. Yn ôl Meryl, fe olygodd y pum mlynedd yna o wahaniaeth rhyngom ni at i mi gael fy sbwylio'n rhacs gan Mam.

Fe fyddai Meryl a finne, er ein bod ni'n ffrindiau mawr, yn cwympo mas yn aml iawn. Rwy'n cofio un cweryl yn digwydd adeg y Nadolig unwaith. Chofia i ddim beth oedd y rheswm. Yn wir, doedd dim angen un. Beth bynnag, roedd Mam a Dad wedi mynd draw i Landysul i gasglu nwyddau Nadolig o ganolfan cwmni cyflenwi John Lewis ar gyfer parti i'r cwsmeriaid. Fe fyddai hyn yn digwydd bob blwyddyn. Fe fyddai yna nwyddau arbennig ar gyfer y Nadolig, yn naturiol, a Mam a Dad yn eu defnyddio fel rhoddion tymhorol i rai o'r cwsmeriaid gorau ac yn eu gwerthu dros gownter y siop hefyd, wrth gwrs.

Beth bynnag, fe arweiniodd y cweryl at i un ohonon ni – chofia i ddim pun – gydio mewn brwsh llawr ar gyfer hitio'r llall. Yn ystod y sgarmes fe hitiwyd rhan o'r cyfarpar trydan a phan ddychwelodd Mam a Dad roedd y lle mewn tywyllwch llwyr. Fe gawson ni gryn gerydd, ond erbyn i'r parti ddechrau roedd y goleuni wedi ei adfer, pawb wedi anghofio'r drygioni a ninnau wedi cael maddeuant.

Bedyddiwyd fi'n Timothy am reswm arbennig. Doedd Mam ddim yn fenyw gref yn gorfforol. Pan oedd hi'n fy nghario i, doedd hi ddim yn hwylus iawn. O ran corff dydw i ddim yn debyg i Mam. Menyw fach denau oedd hi ac ar yr ochr wan. Anti Bessie, Gelli-gwenyn fu'n gofalu amdani yn ystod ei beichiogrwydd. Fe fu Anti Bessie'n garedig iawn wrthi, a dyma Mam yn dweud wrthi na wyddai hi sut fedrai hi dalu'r gymwynas nôl. Ateb Anti Bessie oedd mai dim ond un gymwynas fyddai hi ei hangen.

'Yr unig beth dwi'n ofyn, Mari,' medde hi, 'yw dy fod ti – os mai mab gei di – yn ei alw fe'n Timothy.'

Doedd dim mab gan Anti Bessie ac roedd hi'n awyddus i gadw'r enw Timothy yn y teulu, sef enw'i gŵr. Felly dyma hi'n gofyn i Mam fy medyddio ar ôl Wncwl Wat, neu Watcyn Timothy. A Timothy oedd enw'i dad ef hefyd.

Mam a Dad ar ddiwrnod eu priodas.

Ychydig wyddwn i bryd hynny y cawn i enw arall, Pafaroti Llanbed. Dai Jones Llanilar wnaeth yr enw'n boblogaidd, a hynny ar ei raglen radio, 'Ar eich Cais' ar nos Sul. Ac mae'r llysenw wedi glynu.

Ar fferm Mount Pleasant yng Nghribyn y ganwyd Mam, sef Mari, ond fe wnaeth y teulu symud yn fuan wedi geni Mam i fferm Hen-feddau ar gyrion Llanbed. Fel Jac a Leisa Hen-feddau yr adnabyddid ei rhieni. Roedden nhw'n wladwyr pybyr ac yn bobl amlwg yn y fro. Fe gafodd Mam waith yn ifanc fel nani i blant teulu Harford ym mhlasty Falcondale. Teulu Harford oedd y byddigions lleol ac mae'r plas yn un o adeiladau amlycaf yr ardal. Codwyd yr adeilad presennol yn 1859 a'i enwi yn Pant-y-curyll. Mae e'n enw llawer pertach na'r un Saesneg. Roedd teulu Harford yn 1873 yn berchen ar 8,399 erw o dir. Trowyd y lle yn gartre i'r henoed yn 1951 a'i ail-droi'n westy yn 1975. Yn ffodus, doedd dim gofyn i Mam letya yno gan fod Hen-feddau nid nepell o'r plas, yn wir, roedd y fferm yn rhan o'r stad.

Roedd gan ei thad a'i dau frawd, Gwyn a Lewis, ddiddordeb mawr mewn ceffylau, a cheffylau trotian yn arbennig. Rwy wedi etifeddu eu cariad at geffylau, er nad oes gen i fawr o ddiddordeb mewn rasys ceffylau. Ond mae ceffylau wedi golygu llawer i mi erioed, ac yn dal i wneud. Fe gollodd Mam frawd arall, Johnny yn y Rhyfel. Roedd e'n aelod o'r Awyrlu ac fe saethwyd ei awyren i lawr. Fe'i claddwyd yn Dieppe.

O ochr Mam, ac yn arbennig ei chwaer Bessie, y daw'r diddordeb mewn canu. Roedd gan dad-cu Mam ac Anti Bessie gôr ym Mhont-siân. Ac er nad oedd Mam yn cystadlu, fe hoffai ganu, ac roedd hi'n deall cerddoriaeth. O ddyddiau cynnar canu, ble bynnag y byddwn i'n perfformio neu'n cystadlu, fe fyddai hi yno gyda geiriau o anogaeth. Hi oedd fy ffan mwyaf brwdfrydig.

Does gan, Meryl, fy chwaer, ddim llawer o ddiddordeb mewn canu, ond mae hi wedi cyfieithu llawer o ganeuon ar fy nghyfer. Yn wir, hi sydd wedi bod yn gyfrifol am ymron oll o'r addasiadau. Mae merched Anti Bessie, ar y llaw arall, wedi ymwneud llawer â chanu. Roedd Ann a Susan ac un o'u ffrindiau, Kitty Ty'n Fron yn aelodau o grŵp pop lleol, Tannau Tawela. Trychineb fu colli Kitty'n ifanc. Roedden nhw'n rhan o'r chwyldro pop Cymraeg ddiwedd y chwedegau pan oedd grŵp pop ym mhob ardal, bron iawn. Enw'r nant sy'n llifo heibio i'r pentre yw Tawela.

Roedd Dad, sef Gwilym yn dod o ardal Llanybydder, ei rieni, Wili a Lisa wedi symud fyny o ardal y glo caled ym Mrynaman. Fe gafodd y ddau waith yn y sanatoriwm lleol, hi yn weinyddes ac ef yn garddio. Roedd Mam-gu Llanybydder yn gymeriad arbennig iawn. Fe fu'n athrawes Ysgol Sul nes oedd hi'n bedwar ugain a deg ac fe'i hanrhydeddwyd hi â Medal Gee am ei theyrngarwch.

Roedd gan Dad frawd a chwaer. Fe fu Tommy'n Bostfeistr yn Henffordd am flynyddoedd a bu Meirion yn

byw'r drws nesaf i ni wedi i Mam a fi
symud i Lanbed.

Os oedd Mam yn fach, roedd Dad
yn bwtyn cryf. Roedd e'r un siâp â fi
ond fy mod i'n fersiwn llawer mwy o
ran corffolaeth. Roedd e'n gymeriad
cymdeithasol iawn, yn dilyn sioeau a
marchnadoedd ac yn treulio oriau'n
sgwrsio â hwn a'r llall yn y siop neu ar
ben rhewl, yn siop tships Lloyd yn
Llanbed neu dros ryw beint bach neu
ddau. Ac yn y mart, wrth gwrs. Ond
adre fyddai e fwyaf. Roedd yna
gymaint i'w wneud yno.

Sylwch ar y dici-bow!
Arwydd o'r hyn oedd i
ddod?

Wedi i Dad a Mam briodi a symud
i Bryn Stores, hi fyddai'n ymwneud â'r siop a'r Swyddfa Bost
tra byddai ef yn cynnal y tyddyn oedd yn rhan o'r eiddo.
Roedd ganddon ni bum cae ond fe werthodd Mam un
ohonyn nhw pan fu farw Dad chwarter canrif yn ôl. Bu
farw'n greulon o sydyn. Ni chawsom fawr o rybudd fod
unrhyw beth o'i le. Roedd e'n holliach ac yn gweithio bob
dydd nes iddo fe deimlo poenau yn ei gefn ac yn un o'i
goesau. Fe aed ag ef i'r ysbyty a'i roi ar offer tyniant am
wythnos. Ond doedd y meddygon ddim yn hapus. Ac yna fe
ganfuwyd ei fod e'n dioddef o gancr y pancreas, a hwnnw
wedi dechrau lledu. Ddaeth e ddim adre. Fe fu farw yn ei
bumdegau cynnar. Ychydig wythnosau'n unig wnaeth e bara
ar ôl mynd i'r ysbyty. Fedrwn i ddim credu fod dyn mor gryf
a bywiog wedi llithro rhwng ein dwylo ni mor sydyn. A dyna
deimlad gwag a gawsom o'i golli. Roedd e' mor llawn egni ac
yn hollbresennol.

Mae'r tir gen i o hyd er i ni werthu'r hen gartref a symud
i fyw i Lanbed. Wedi i Dad farw fe wnaethon ni gadw'r
defaid – mae gen i ddiddordeb mawr o hyd yn y defaid

Torwen. Ond fe wnaethon ni werthu'r ceffylau i gyd wedi marwolaeth Dad. Roedd e'n deimlad rhyfedd bod heb geffylau. Ond tuag ugain mlynedd wedi marw Dad, dyma brynu un. Ac fe aeth un yn ddau a dau yn dri, a bellach mae gen i tuag ugain o ferlod Shetland a merlod mynydd.

Roedd 'Nhad yn meddwl y byd o'i dyddyn bach. Ac fel teyrnged i'w ddiddordeb mawr e, i raddau helaeth, y gwnes i ail-gydio mewn cadw ceffylau. Rhyw gadw'r traddodiad yn fyw. Erbyn hyn ro'n i wedi colli'r dystysgrif oedd yn cofnodi'r rhagenw Silian, honno wedi dod ar ffurf llythyr oddi wrth Gymdeithas y Cobiau a'r Merlod Cymreig. Dyna pryd wnes i newid rhagenw'r Shetland i Tawela. Yn y cyfamser fe wnes i ffeindio'r llythyr yn cuddio mewn rhyw ddrôr neu'i gilydd, ac mae rhagenw'r merlod mynydd yn ôl nawr yn Silian, ynghyd â'r defaid Torwen. Mae'r Shetland yn parhau gyda'r rhagenw Tawela.

Yn ogystal â rhedeg y tyddyn, fe fyddai Dad hefyd yn mynd o gwmpas yn cyflenwi nwyddau'r siop ynghyd â bwydydd anifeiliaid i'r bröydd cyfagos deirgwaith yr wythnos, i ffermydd gan fwyaf. Roedd ganddo fe ei rownd. Fe fyddwn i wrth fy modd yn mynd gydag ef yn y fan. Roedd e wedi gosod silffoedd ar hyd ei hochrau i ddal y nwyddau. Yn wahanol i mi roedd e'n dda gyda'i ddwylo. Does gen i ddim clem. Mae popeth yn disgyn yn yfflon rhwng fy nwylo i. Ar y teithiau gyda 'Nhad fe fyddwn i'n cael rhyw gildwrn bach gan hwn a'r llall. Fe fyddai Dad yn cael paned o de ym mhob man lle byddai'n galw. Byddai'r rownd o'r herwydd yn para drwy'r dydd. Drwy hynny fe wnes i ddod i adnabod y bröydd cyfagos ac i'w caru nhw'n ifanc iawn.

Rhwng y tyddyn a'r siop roedd bywyd yn llawn. O ran y tir fydden ni ddim yn hau. Tir pori oedd y pum cae. Ond fe fydde angen torri gwair. Fe gai'r creaduriaid eu troi allan i'r comin lleol tra byddai'r gwair yn cael cyfle i dyfu. Yna fe ddeuai cymydog a'i dractor a'i injan lladd gwair a'i fyrnwr ar dro, ac yna dod â thrêlyr i gario'r byrnau i'r sied. Gan y byddai angen benthyg tractor, ein tyddyn ni fyddai'r olaf yn yr ardal i orffen cywain gwair bob blwyddyn. Byddai'r ffermwyr yn gorffen eu gwaith eu hunain cyn troi aton ni. Fe fyddai Dad wedi bod yn rhoi help llaw iddyn nhw yn y cyfamser. Cyfnod felly oedd e, ac ardal felly oedd Silian. Fe fyddai yna gyfnewid llafur yn digwydd yn gwbl naturiol ac roedd cymdogaeth dda yn fyw ac yn iach.

Roedd bod yn fab i'r siop yn golygu y byddwn i'n dod i gysylltiad â phobl byth a hefyd. A doedd yna ddim prinder ffrindiau. Roedd pob plentyn am fod yn ffrind i Timothy Siop gan fod pob math o bethe da i'w cael y tu ôl i'r cownter mewn bocsys lliwgar a photeli boliog. O fod yn ffrindiau â fi, fe wydden nhw y byddai yna ambell switsen ar slei. Fe fyddwn i hefyd yn helpu fy hun yn slei bach. Fe fu gen i ddant melys erioed, fel y gall unrhyw un ddychmygu wrth edrych arna i! Ond chwarae teg, rown i'n byw yng nghanol temtasiwn gydol yr amser. Bob tro y byddai Mam yn ateb y ffôn neu'n troi i siarad â rhywun fe fyddai fy llaw yn crwydro'n reddfol i'r botel losin. A phan ddeuai rhyw losin newydd ar y farchnad fe fyddwn i ar flaen y ciw. Fi fydde'r cyntaf i'w blasu. Mae pethe melys yn demtasiwn fawr o hyd.

Fe fydde trafaelwyr yn galw i gymryd archebion, ac fe fyddwn i. wrth fy modd pan fydde faniau'r gwahanol gwmnïau'n cyrraedd i gyflenwi'r archebion hynny, yn enwedig fan John Lewis gan y bydde honno'n llawn losin, siocled a phob math o bethe da eraill. Roedd gan y cwmni warws mawr yn Llandysul. Bob dydd Iau fe fyddai lori cwmni Kardov yn galw, cwmni fflŵr, yn bennaf, oedd y rheiny gyda chŵpons ymhob pecyn y medrai cwsmeriaid eu casglu a'u cyfnewid am wahanol nwyddau. Roedd *Kardov Self Raising Flour* yn uchel ar restr pob gwraig tŷ. Fe fydde trafaeliwr y cwmni'n galw bob dydd Llun yn ddi-ffael.

Doedd yna ddim oriau agor a chau pendant i'r siop. O

saith o'r gloch y bore ymlaen fe fyddai pobl yn galw drwy'r dydd a gyda'r nos. Yn aml byddai cloch drws y siop yn canu mor hwyr ag un ar ddeg. Ffermwr wedi bod yn gweithio'n hwyr, falle, ac wedi rhedeg mas o faco. Yn aml fe fyddai rhywun yn galw ar gyfer dim byd mwy na sgwrs a chlonc. Yn wir, fe fyddai cloch y drws yn canu'n amlach na chloch y til. Lle fel hynny oedd Bryn Stores. Fe fyddwn i'n oedi yn y siop byth a hefyd yn gwrando ar glecs pobl. Weithiau, os byddai sgandal yn cael ei gwyntyllu fe fyddai Mam yn fy ngyrru oddi yno i'r cefn. Ond fe fyddwn i'n clustfeinio ar y slei. Roedd siop fach yn y wlad yn lle delfrydol am glecs. Doedd dim angen papur dyddiol nac wythnosol.

Fedra i ddim cofio'r siop yn dawel. Roedd y lle'n llawn cleber. Unwaith y byddai cwsmer yn gadael, fe ddeuai un arall i mewn. Sgwrs arall. Weithiau fe fydde cryn hanner dwsin wedi ymgynnull yno, a phawb yn dal pen rheswm. Nid y prynu oedd yn bwysig ond y sgwrsio. Y siop oedd canolfan naturiol y fro. Yn wir, doedd yna'r un ganolfan arall yno a fyddai'n agored drwy'r dydd.

Anaml iawn bryd hynny y byddai unrhyw un yn talu lawr am nwyddau wrth eu prynu. Rhyw brynu ac fe-dala-i-fory neu rhowch-e-lawr-ar-y-slaten oedd hi, pawb â'i gownt. A 'Nhad yn ei chael hi'n anodd iawn i ddanfon biliau o gwmpas. Roedd e'n rhy galon feddal i fod yn ddyn busnes. Roedd atgoffa rhywun o ddyled yn groes i'r graen iddo. Ond fe wnâi anfon y bil ymhen hir a hwyr, ac fe gâi'r cownt ei setlo'n ddieithriad. Roedd gan bob cwsmer, bron, ei slaten. Doedd hynny ddim yn golygu bod neb yn rhy dlawd i dalu. Dyna oedd yr arferiad. Yn amlach na pheidio, fyddai ffermwyr na'u gwragedd ddim yn setlo'r bil mewn arian. Talu mewn wyau neu fenyn fydden nhw. Roedd 'tryst', sef ymddiriedaeth yn air mawr y dyddiau hynny, dyddiau pan oedd cymdogaeth dda yn rhywbeth cwbl gyffredin yn hytrach na bod yn ystrydeb. Fel llawer o arferion da eraill, mae e wedi hen ddiflannu.

Arch Noa

Rhwng prysurdeb y siop a'r tyddyn, anodd fyddai i ni fel teulu fynd ar wyliau gyda'n gilydd. Yn un peth byddai angen bwydo'r holl greaduriaid, mawr a bach a oedd yn y Bryn bob dydd, a hynny'n amlach nag unwaith y dydd. Ond pan ddeuai cyfle, byddai gwyliau i Meryl a fi'n golygu mynd i Lanybydder dros y ffin yn Sir Gaerfyrddin at Mam-gu.

Uchafbwynt y gwyliau fyddai cael mynd i dref Caerfyrddin ar y bws gyda Mam-gu. Un tro dyma hi'n addo y cawn i brynu cwningen yno. Draw â ni i'r farchnad i brynu un. Roedd gen i gwningen adre eisoes, un fenyw. Rhaid nawr fyddai cael un gwryw yn bartner iddi. Mae'n rhaid fy mod i erbyn hyn yn sylweddoli fod yna wahaniaeth rhwng gwryw a benyw. Ac yn gwybod rhywbeth am benderfyniad a rheswm Noa dros gael dau o bob rhywogaeth, sef un o bob rhyw yn yr Arch. Chafwyd dim trafferth dewis bwchyn crand. Nôl â ni ar y bws, a'r gwerthwr tocynnau'n gofyn i mi beth oedd yn y bocs. Finne'n ateb yn llawn balchder:

'Cwningen!'

Dyma fi'n agor y bocs a dangos y creadur, a'r gwerthwr tocynnau'n gofyn cwestiwn arall:

'Beth wyt ti'n mynd i'w wneud â hwnna?'

A finne'n ateb yn wybodus:

'O, fe fydd hwn wrthi'n cenhedlu heno!'

Er nad y gair 'cenhedlu' wnes i ei ddefnyddio. Roedd e'n air llawer mwy sylfaenol a di-lol. Wyddai Mam-gu ddim ble i edrych.

Bryd arall fe wnaeth Mam brynu crwban i mi ym marchnad Caerfyrddin. Roedd chwech ohonon ni yno'r diwrnod hwnnw, yn cynnwys Ann a Susan, fy nghyfnitherod. Dyma ni'n mynd i gaffi i gael te. Fedrwn i

Yr hen gartref, Y Bryn, Silian lle'r oedd siop a Swyddfa Bost y fro.

ddim, wrth gwrs, gadw'n dawel. Dyma'r weinyddes yn dod draw a finne'n gosod y bocs ar y ford. Dyma'r hen grwban yn gwthio'i ben allan, a'r weinyddes, druan, yn methu ynganu'r 's' bron iawn â gollwng y tebot ac yn gweiddi mewn braw.

'Oh! What ith it? Ith it a thnake!'

Fe fyddwn i'n cael crwban bob blwyddyn. Bob tro, pan ddeuai'r hydref fe fyddwn i'n gosod y crwban mewn bocs wedi ei lenwi â gwellt fel y gallai fynd i gysgu'n drwm ac yn ddiogel dros y gaeaf. A phob gwanwyn, yr un mor ddiwahân, wnâi e ddim dihuno. Nid cysgu wnâi'r crwbanod ond marw!

Yn ôl y sôn rown i'n grwt drygionus iawn. Roedd gen i duedd i godi sgertiau menywod fyny. Rwy'n cofio Nanno Williams, Arfryn yn siarad â Mam yn y siop un diwrnod. Ac am ryw reswm na fedra i ei esbonio dyma fi'n codi ei sgert mewn chwinciad a chuddio fy mhen o tani. Fe ges i bregeth ddifrifol iawn gan Mam am hynny. Mae'n rhaid fy mod i wedi gweld llawer. Yn anffodus, fedra i ddim cofio beth welais i erbyn hyn!

Bryd arall fe alwodd y ficer. A dyna ble'r oedd e'n siarad a siarad â Mam am hydoedd. Roedd e'n dreth ar fy amynedd ac mae'n rhaid fy mod i wedi cael llond bol ar hyn a dyma fi'n rhoi pinsiad i'r ficer yn ei ben-ôl. Roeddwn i'n dueddol o binsio pobl, mae'n debyg, yn enwedig fy ffrindiau ysgol. Bryd arall fe ddaeth menyw a'i mab, oedd tua'r un oedran â fi i'r siop. Fe aeth y ddau ohonon ni i chwarae yng nghefn y siop a dyma'r crwt yn plygu dros y gist dail te i geisio ymestyn at rywbeth yn ei gwaelod. Fe wnes i ei wthio fe i mewn i'r gist dros ei ben. Dim ond ei draed e oedd yn y golwg. A dyma bregeth arall. Dim pregeth fawr, mae'n rhaid cyfaddef. Roedd Mam yn fy sbwylio. Mae Meryl, fy chwaer, yn cadarnhau hynny. Ond dyna fe, fi oedd y lleiaf.

Byddai pob math o gymeriadau'n galw, rhai yn troi i mewn ddim ond i gael esgus am sgwrs. Bob nos, bron iawn, byddai Jac Lloyd y Meiarth yn galw i weld Dad. Roedd e'n byw ym Mwlch-llan ond roedd ei wraig yn gweithio fel metron yn Falcondale, a oedd wedi agor fel cartref i'r henoed. Bob tro, byddai ef a 'Nhad yn sgwrsio am geffylau a sioeau. Roedd e'n adroddwr digri o fri ac yn gymeriad ffraeth. Mae ei chwaer, Mair Lloyd Davies yn byw yn Nhregaron, hithau wedi bod yn adroddreg lwyddiannus iawn ac wedi hyfforddi cenedlaethau o adroddwyr.

Un arall fyddai'n galw'n rheolaidd oedd Gwynfil Rees o Bennant. Roedd Gwynfil hefyd yn cadw ceffylau ac yn cymryd llawer o ddiddordeb mewn ieir. A phobl y pentre, wrth gwrs, pobl fel Cayo Evans, oedd yn byw lawr y ffordd yng Nglandenys. Roedd Cayo'n gymeriad lliwgar. Roedd e fel rhyw gymeriad o oes gynharach gyda'i got dri chwarter, trowser tyn a'i sgidiau â sodlau uchel. Roedd e fel rhywun o ffilm gowbois.

Yn ogystal â galw yn y siop fe fyddai Dad yn galw gydag ef hefyd fel rhan o'i rownd unwaith yr wythnos. Fel Dad, roedd Cayo'n ddyn ceffylau, yn cadw ceffylau Palomino ac

Apaloosa. Fe ddaeth i sylw'r byd nôl yn 1969 pan garcharwyd ef am fod yn aelod o'r FWA. Mae ei fab, Rhodri a'r teulu'n dal i fyw yng Nglandenys ac mae e lawn cymaint o gymeriad â'i dad.

Ar yr adegau prin hynny pan fyddai Dad a Mam i ffwrdd hebddon ni, fe fyddai Mam-gu Llanybydder yn gofalu am Meryl a finne, ac yn gofalu hefyd am redeg y siop. Fe fyddai Eirlys Penshetin hefyd yn helpu Mam pan fyddai pethe'n brysur. Fel pob siop fach y wlad yn y dyddiau hynny fe fyddai Bryn Stores yn cadw nwyddau o bob math. Byddai caws yn cyrraedd fesul cosyn cyfan, a byddai angen ei dorri'n ddarnau trionglog yn ôl y gofyn â weiren denau. Fe fedra i wynto'r arogl sur o hyd. Deuai siwgr mewn bagiau mawr, a the mewn cistiau pren, a rhaid fyddai llenwi bagiau hanner pwys neu bwys a'u pwyso nhw. Wedyn clymu cortyn o gwmpas y bag rhag iddo agor.

Y tu allan i'r siop roedd pwmp petrol, ac o ddyddiau plentyndod fe fyddwn i'n rhoi help llaw drwy bwmpio tanwydd i danciau ceir cwsmeriaid. Doedd y pympiau trydan ddim wedi cyrraedd bryd hynny. Yn aml fe gawn i bregeth gan Mam am bwmpio mwy o betrol na ddylwn i. Rown i'n rhy brysur yn busnesa i gadw golwg ar fys y cloc mesur.

Dim ond tua hanner milltir o bellter oedd rhwng y siop a'r ysgol. Ond roedd milltiroedd o wahaniaeth rhwng y ddau le. Pan ddaeth hi'n amser i mi fynd yno yn llaw Meryl, rown i'n crio. Ac fe wnawn hynny bob bore. Doeddwn i ddim am fynd. Doedd dim byd yno yn fy nenu, dim byd yno a wnâi fy mhlesio. Fe wnaeth gymryd amser hir cyn i mi ddygymod â mynd i'r lle. Fyddwn i ddim wedi meindio mynd am dri neu bedwar diwrnod bob wythnos. Ond pum diwrnod! Roedd hynny'n gofyn llawer gormod.

Nid fy mod i'n casáu'r ysgol. Na, yr anhawster oedd bod cymaint o bethe da i'w cael gartre. Roedd yno greaduriaid o bob math. Ymhlith rheiny oedd fy niddordeb i. Doedd dim cymhariaeth rhwng bod adre a mynd i'r ysgol. Nid bod cerdded i'r ysgol yn broblem o gwbl. Yn aml, yn enwedig ar fore gwlyb fe âi 'Nhad â fi a Meryl yn y fan cyn cychwyn ar ei rownd. Ac ymhlith y deg ar hugain o ddisgyblion roedd llawer o ffrindiau.

Athrawes y plant bach oedd Mrs Marsden James, ac fe fyddai hi yn fy magu fel petawn i'n blentyn iddi hi. Y brifathrawes oedd Miss Evans. Er gwaethaf fy stranciau i, wnaeth hi ddim fy nghosbi erioed. Tipyn o fabi own i mewn gwirionedd. Ond fe fyddai gen i ddigon o gwmni pan alwai'r deintydd. Oherwydd hwnnw, rwy'n dal i fod mewn arswyd o unrhyw ddeintydd. Rwy'n dal i deimlo'r hen fasg rwber ar fy wyneb, clywed hisian y nwy yn fy nghlustiau a gwynt y nwy yn fy ffroenau. Pan alwai'r deintydd yn yr ysgol, yr unig fendith oedd y cawn i, o gael dant wedi ei dynnu, fynd adre'n gynnar. Un tro fe aeth Dad a fi adre yn y car, a finne'n dal ynghwsg o effaith y nwy. Wnes i ddim dihuno nes own i adre.

Ie, adre oedd y diddordeb. Fe fydd amryw yn gofyn pam na wnes i fynd ymhellach â'r canu. Yr un yw'r ateb yn yr achos hwn eto. Fe fyddai mynd ymhellach gyda'r canu wedi golygu gadael cartre am gyfnodau hir. Byddai'n golygu mynd i goleg cerdd, i Gaerdydd, Llundain neu Fanceinion. Neu hyd yn oed i'r Eidal. Fe wn i fod amryw'n teimlo fy mod i wedi gwastraffu cyfle. Fe alla i ddychmygu rhai'n twt-twtian a dweud: 'Pa mor bell fydde fe wedi mynd tai e wedi cael coleg, tybed?' Fe glywais lawer yn dweud yr un peth am Dic Jones, ac am Dai Jones hefyd. Pa mor bell fydde Dic a Dai wedi mynd petai nhw wedi rhoi'r gorau i'r tir am gyfnod i fynd i goleg? Pwy a ŵyr? Mae'n bosib y byddai coleg wedi'u difetha nhw.

Fy hunan, doedd gen i ddim petruster. Roedd gormod o bethe da adre. Fedrwn i ddim gollwng gafael. Fedrwn i ddim byw heb yr anifeiliaid a'r adar. Pan oeddwn i'n blentyn roedd 'Nhad, yn ogystal â bridio caneris, yn eu dangos nhw ledled gwledydd Prydain mewn gwahanol sioeau. Ac ar ddydd Sul fe fyddai pobl yn dod o bobman i brynu caneris.

Roedd y dull o anfon y caneris i wahanol sioeau'n ddiddorol. Weithiau fe fyddai Dad yn eu cludo nhw yn y fan. Ond ar gyfer sioeau a oedd yn bell i ffwrdd fe fyddai'n eu cludo i'r stesion yn Llanbed a'u danfon nhw bant mewn caetsys pwrpasol ar y trên. Wedyn fe fyddai rhywun yn cwrdd â'r adar yr ochr draw a'u cludo nhw, yn y caetsys pwrpasol, i'r sioe adar. Droeon fe wnes i fynd draw gyda Dad i nôl yr adar adre. Wedyn fe fyddai Dad yn agor y bocsys, a dim ond bryd hynny y gwnâi e ddod i wybod a fydden nhw wedi bod yn llwyddiannus neu beidio. Yn aml fe fyddai rhuban coch, glas neu felyn yn y bocsys.

Roedd y Sioe Adar Genedlaethol yn cael ei chynnal yn yr Alexandra Palace yn Llundain. Roedd honno'n sioe fawr iawn. Ym mis Rhagfyr fyddai honno, ac weithiau fe fyddai Dad yn mynd yno. Fel arall fe fyddai'n eu danfon nhw ar y trên. Border Canaries oedd ei ddileit ef. Roedd e'n eu cadw mewn cwbiau mewn tair sied yng nghefn y tŷ. Bob ochr i un o'r siediau roedd caetsys arbennig ar gyfer yr adar oedd yn colli eu plu, fel eu bod nhw'n cael llonydd i adfer eu cyflwr pluog. Pan ddeorai cywion bach fe fyddai Mam yn berwi wyau ac yna'n gwneud stwnsh o'r wyau a'u cymysgu â'r bwyd adar arferol. Fe fyddai'r bwyd adar yn dod mewn bagiau hanner can pwys, a Mam wedyn yn cymysgu'r bwyd hwnnw a'r wyau fel bod y cywion yn cael mwy o faeth.

Fe enillai Dad yn rheolaidd. Mae gen i focsys yn y tŷ sy'n llawn cwpanau arian yn tystio i hynny. Fe fyddai'n magu tua chant bob blwyddyn gan gadw tuag ugain o'r rhai gorau ac yna gwerthu'r lleill. Roedd mynd mawr ar ganeris lawr yn ne Cymru, yn ardal Abertawe'n arbennig, a bridwyr o'r mannau hynny, gan fwyaf, fyddai'n galw i brynu adar.

O ran y Caneris Border, dyw eu canu nhw ddim yn bwysig. Ond mae yna frîd arall, y Rollers sy'n cael eu beirniadu ar sail eu canu. Os oes yna'r fath beth ag ailymgnawdoliad, hwyrach mai fel Roller Canary y gwna i ddod nôl!

Ar un adeg roedd gan Dad bâr o barotaniaid, neu 'parakeets'. Fe wnaeth y pâr fagu chwech neu saith o rai bach. Un dydd fe lwyddon nhw i ddianc. Ond yn rhyfeddol, fe wnaethon nhw hedfan adre gyda'r nos. Fe dorrodd Dad dwll yn y sied wedyn fel y medren nhw fynd a dod fel y mynnen nhw. Felly, am gyfnod, bu adar egsotig yn hedfan o gwmpas Silian gan roi sioc i rai o'r trigolion. Yn anffodus, gan eu bod nhw mor lliwgar fe aethon nhw'n darged ac yn aberth i adar ysglyfaethus ac fe wnaethon nhw ddiflannu o un i un.

Roedd Dad hefyd yn cadw peunod, tair benyw ac un gwryw. Enw'r gwryw oedd Bil. Fe allai Bil droi'n gas. Fe fyddai'n clwydo ar ben y sied, a phan wnâi rhywun ddynesu fe wnâi e hedfan atyn nhw fel saeth ac ymosod arnyn nhw. Un dydd rown i'n sefyll ar y lawnt pan welais i Bil yn hedfan yn syth amdana i. Fe wnes i droi a rhedeg nerth fy nhraed a mynd yn syth drwy'r tŷ gwydr. Chefais i ddim unrhyw niwed, ond roedd siâp fy nghorff i'w weld yn berffaith yn y twll wnes i ei adael yn y gwydr.

Roedd ffermwyr lleol yn credu'n gryf yng ngallu Bil fel proffwyd tywydd. Os byddai Bil yn sgrechian, fe wydden nhw fod glaw ar y ffordd. Roedd ganddo gynffon anferth, a phan fyddai'n colli ei blu fe fyddai pobl yn galw i ofyn am bluen i'w defnyddio fel addurn. Ond châi pluen paun ddim dod ar gyfyl tŷ Mam-gu Llanybydder. Roedd hi'n credu'n gryf y gwnâi anlwc ddilyn. Fe wn i am lawer sy'n credu'r un fath.

Roedd ganddon ni hwyaid wedyn. Yn wir, pob math o adar. Ac ieir, wrth gwrs, diddordeb sydd wedi para ynof finnau. Yn anffodus, o ran ieir, fe fyddai'r ceiliogod yn crwydro at ieir o fridiau gwahanol ac yn cymysgu popeth. Roedd 'Nhad yn berffeithydd. Roedd hi'n holl bwysig cael y gorau o bopeth. Ac rwy wedi etifeddu'r elfen honno hefyd. Mae safonau'n holl bwysig i mi.

Fe fu gyda ni gŵn hefyd. Rwy'n cofio Dad yn cadw dau gorfilgi. Yn yr haf, pan fyddai ef a ffermwyr eraill yn troi'r ceffylau i'r tir comin fe fyddai'n mynd â'r ddau gi – Twm a Siân – gydag e gyda'r hwyr. Ond yn hytrach na rowndio'r ceffylau fe fyddai Twm a Siân yn rhuthro ar ôl cwningod ac ysgyfarnogod. Er fy mod i'n amau iddyn nhw ddal yr un erioed. Doedden nhw'n dda i ddim fel cŵn gwaith. Fel cymaint o greaduriaid y Bryn, creaduriaid anwes oedden nhw yn y bôn.

Rwy'n falch nad oedden ni'n cadw moch. Fedrwn i ddim goddef eu gweld nhw'n cael eu pesgi ddim ond i'w lladd nhw wedyn. Ond rwy'n cofio 'Nhad, ychydig cyn y Nadolig rywbryd, yn prynu pum twrci. Fe laddwyd pedwar, ond wnes i ddim sylweddoli, diolch byth, fy mod i yn bwyta un ohonyn nhw i ginio ddydd Nadolig. Petawn i'n gwybod hynny, fe fyddwn i wedi tagu. Roedd hyn yn gadael un dwrcen ar ôl, ac fe ddaeth hi'n ffefryn gen i ymhlith yr holl dda pluog eraill. Tuag adeg y Pasg fe wnes i sylweddoli nad oedd yr hen dwrcen i'w gweld o gwmpas y lle. A dyma sylweddoli, un prynhawn, fod cig twrci ar y bwrdd. Ond fe fethodd yr un ohonon ni, Dad a Mam, Meryl na finne fwyta un darn o'r cig.

Doeddwn i'n fawr o gymorth fy hunan o ran iechyd yr ieir. Roedd gen i ryw obsesiwn yn blentyn am lendid. Mae'n rhaid fy mod i wedi clywed rhywun yn crybwyll am berygl germau, neu jyrms, a bod llawer o germau i'w canfod ar ieir. Mwy na thebyg bod Mam wedi fy rhybuddio rhag chwarae ag ieir am fod cymaint o germau arnyn nhw. Felly, un dydd fe wnes i fynd ati i olchi'r ieir o dan y tap mewn bwced. Erbyn i Mam sylweddoli beth oedd yn digwydd, rown i wedi boddi sawl iâr.

Rwy'n cofio unwaith i un o'r ieir ddeor dim ond un cyw bach. O'r herwydd doedd gan y fam ddim diddordeb ynddo. Fe fedyddiwyd y cyw yn Murphy, ac fe gafodd gartref yng ngwaelod y *Rayburn*. Fe ddaeth yn ei flaen yn dda a byddai'n dilyn Mam i bobman. Pan fyddai'n mynd y tu ôl i gownter y siop fe fyddai Mam yn gosod Murphy yn ei phoced a mynd ag ef gyda hi. Roedd 'Nhad wedi gosod sbring ar y drws cefn fel y byddai'n cau o ran ei hunan. Un dydd fe ddaeth Mam allan i'r ardd a dyma Murphy yn ei dilyn. Yn anffodus fe gaeodd y drws yn glep y tu ôl iddi gan wasgu Murphy, druan, yn fflat. Fe fues i'n galaru am ddyddiau.

Roedd 'Nhad yn cadw pob math o ieir, rhai'n fridiau egsotig. A chyn belled ag oedd ieir bantam yn y cwestiwn, roedd ganddon ni gasgliad rhyfeddol. A ffesantod. Fe fu 'Nhad a Meryl ar deledu TWW droeon yn sgwrsio amdanyn nhw, gan fynd â'r adar lawr i Gaerdydd gyda nhw yn y fan.

Roedd cymaint o amrywiaeth gyda ni, fe fyddai pobl yn parcio'u ceir y tu allan i'r tŷ a dod i syllu ar y creaduriaid dros y clawdd. Petawn i wedi codi arian arnyn nhw, fe fyddwn i'n werth ffortiwn heddiw.

Wrth edrych yn ôl rwy'n synnu i mi garu bod adre'n blentyn yn hytrach na mynd i'r ysgol. Adre, fe fyddwn i'n brysur, yn llawer prysurach na fyddwn i yn y dosbarth. Dysgwyd fi'n blentyn bach y byddai gofyn i mi, os am gadw creaduriaid, ofalu ar eu hôl. A dyna ble byddwn i'n glanhau o tanyn nhw, gosod gwellt glân, eu bwydo a'u dyfrio. Dim ond ar ôl symud fyny i'r Ysgol Gyfun yn Llanbed wnes i ddechrau cymryd diddordeb mewn addysg ffurfiol. Ysgol brofiad y caeau a'r coedydd oedd fy ysgol i.

Ond roedd gen i reswm da dros beidio â hoffi'r ysgol. Pan oeddwn i'n fach rown i'n wan iawn ac yn gorfod cymryd llwyaid o frag, neu 'malt' yn rheolaidd cyn mynd i'r ysgol bob bore. Rown i'n fregus iawn a dyna, rwy'n meddwl, pam ges i fy sbwylio. Ond roedd gen i ddigon o ffrindiau'r un

Cael y fraint o arwisgo Brenhines Ffermwyr Ifanc y Sir, Gwen Williams.

Cymryd rhan gydag Adrian Rees mewn noson a drefnwyd gan Ferched y Wawr y sir yn Nhregaron.

oedran â fi. Mewn ardal mor fach mae'n anodd credu bod cymaint â chwech ohonon ni wedi gadael Ysgol Silian am Ysgol Uwchradd Llanbed gyda'n gilydd.

Roedd digon i'w wneud yn yr ardal. Roedd yno nosweithiau cymdeithasol a Chlwb Ffermwyr Ifanc cryf iawn. Fe wnaethon ni ennill Eisteddfod y Sir sawl tro yn ogystal â'r gystadleuaeth Hanner Awr o Adloniant tua phedair neu bump o weithiau. Mrs Elizabeth Evans, gwraig Iorwerth Evans a ddaeth wedyn yn brifathro oedd yr ysgogydd y tu ôl i'r caneuon a'r sgetsys doniol fyddai'n rhan o'r rhaglen. Roedden nhw'n byw yn Llangybi ac fe wnaeth Iorwerth barhau i fod yn gefn i ni wedi iddo roi'r gorau i fod yn brifathro'r ysgol leol. Fe fyddai Meryl yn cymryd rhan yn y sgetsys. Susan, fy nghyfnither fyddai'n cyfeilio. Fe fu hi'n ddiweddarach yn cyfeilio i mi, yn un o ddim ond tair.

Yn y Clwb Ffermwyr Ifanc y dechreuodd popeth. Ac fe wnes i gymryd at y perfformio a'r cystadlu yno yn hawdd iawn. Yn un peth, Mam oedd yr arweinydd. Fe fu hi'n arweinydd am flynyddoedd. Clwb bach iawn o'n ni ac fe fyddai disgwyl i mi wneud pob math o bethe, yn cynnwys canu. Rwy'n cofio unwaith arwain un o'n merlod Shetland, Dopey i'r llwyfan a chanu 'Mae Gen i Farch Glas'. Fe aeth popeth yn ddigon hwylus, diolch byth.

26

Ond am rai nosweithiau cyn y perfformiad fe ges i hunllefau. Ro'n i'n dychmygu Dopey'n gadael rhywbeth ar ei ôl ar y llwyfan!

Bryd arall fe wnes i a Hayden Harries, sy'n athro nawr, gymryd rhan mewn 'Have a Go'. Y dasg oedd cyflwyno, mewn deng munud, unrhyw ddeuawd oedd yn boblogaidd ar y pryd. Yr hyn wnaethon ni oedd dynwared Windsor Davies a Don Estelle o'r gyfres deledu 'It Ain't Half Hot, Mum' yn canu 'Whispering Grass'. Grŵp du, 'The Ink Spots' ddaeth â hi i amlygrwydd yn y pedwardegau cyn i Davies ac Estelle ei hatgyfodi. Fe gyrhaeddodd hi rif un yn y siartiau yn 1975 gan ddisodli Tammy Wynnette a 'Stand By Your Man'. Fi oedd yn dynwared tenor y ddeuawd, Don Estelle, dyn bach, bach â llais uchel iawn. Doedd hynna'n ddim byd. Y flwyddyn wedyn bu'n rhaid i mi ddynwared Iris Williams yn canu 'Pererin Wyf'!

Yn y cyfnod hwn roedd Siân Cothi yn y Coleg yn Aberystwyth lle'r oedd hi'n ffrindiau mawr â Hedydd Hughes o Lanbed, cyfnither i Rosalind Lloyd. Bob tro fyddwn i yn Aber fe fyddwn i'n mynd nôl am goffi gyda nhw. Un noson, neu'n hytrach un bore – roedd hi yn yr oriau mân – dyma Siân, er mai yn Ffarmers oedd ei chartref, yn penderfynu ymuno â'r Clwb a gwneud trefniadau iddi hi a fi gystadlu ar y ddeuawd ddigri. Fe wnaethon ni ganu fersiwn ddoniol o 'Hywel a Blodwen' wedi ei hysgrifennu gan Delor, chwaer Hedydd. Mae'r ddwy chwaer nawr yn dysgu yn Ysgol Llanbed. Fe wnaethon ni ennill yn yr eisteddfod sirol gan fynd ymlaen i ennill yr ail wobr yn yr ŵyl genedlaethol yng Nghaerfyrddin. Er mai clwb bach oedden ni fe wnaethon ni lwyddo i ennill Eisteddfod y Sir ddwywaith, rhywbeth oedd yn gryn gamp. Fe fu mudiad y Ffermwyr Ifanc yn gymorth mawr i mi fel modd i fagu hunan hyder.

Roedd Silian yn bentre bach clòs, pawb yn Gymry, pawb yn adnabod ei gilydd. A chan fod fy rhieni'n rhedeg y siop a'r

Swyddfa Bost fe fyddwn i'n adnabod pawb. Roedd yr eglwys yn bwysig wedyn. Er gwaetha'r ffaith i mi pinsio'r ficer, fe fyddwn i'n mynychu'r Ysgol Sul yn rheolaidd. Cysegrwyd yr eglwys i Sant Sulien. Ei enw ef roddodd fod i enw'r pentref. Fe fu Sulien, a fu farw tua 1090, yn Esgob Tŷddewi ddwywaith ac roedd ganddo fe gysylltiadau cryf ag Eglwys Llanbadarn Fawr. Ei fab oedd Rhygyfarch, awdur *Buchedd Dewi*. Roedd y capel lleol hefyd yn gryf, sef Capel Bethel.

Yr Ysgol Sul a'r ysgol fach wnaeth ddod â fi'n ymwybodol o ganu, mae'n debyg. Fe wnaeth rhai pobl, Mam yn eu plith sylweddoli'n gynnar iawn fod gen i lais addawol. Fe fyddwn i hefyd yn canu gydag Ann a Susan, fy nwy gyfnither. Roedd ganddyn nhw gitâr ac organ drydan. Ond yn wahanol i'r rhelyw o gantorion a aeth ymlaen i ganu'n broffesiynol neu'n lled-broffesiynol wnes i ddim cystadlu o gwbl nes oeddwn i'n llanc. Fe wnes i lwyddo er gwaethaf fy hunan.

Fy llwyddiant cyntaf o bwys, dal cwpan yr Unawd dan 21 yn Eisteddfod Llanbed.

28

Dechrau Canu ...

Ar wahân i'r Ysgol Sul a'r ysgol fach, ambell gyngerdd lleol oedd fy eithaf o ran canu pan o'n i'n blentyn. Ac wedyn, yn arbennig, y Clwb Ffermwyr Ifanc. Fel cymaint o blant a phobl ifanc cefn gwlad, y mudiad hwnnw wnaeth roi i mi'r awydd a'r hyder i ymddangos ar lwyfan. Mae Clwb Silian erbyn hyn wedi hen gau.

Wnes i ddim canu'n ddifrifol nes oedd fy llais i wedi troi. Wn i ddim ai mantais neu anfantais oedd hynny. Roedd y gŵr a ddaeth yn hyfforddwr i mi'n ddiweddarach, Gerald Davies yn credu mai peth da oedd e. Drwy gychwyn yn hwyr doedd fy llais heb ei orweithio. Roedd arno lai o draul. Fe gewch chi lawer o sopranos bechgyn sy'n rhoi'r gorau i ganu wedi i'w llais droi. Fe fues i'n fwy ffodus.

Y tro cyntaf i mi ganu'n ddifrifol oedd yn nhref Llanbed. Bob blwyddyn, ychydig cyn Eisteddfod Pantyfedwen fe gynhelid 'Cyfle'n Galw', rhyw fath ar 'Opportunity Knocks'. Fe dyfodd y gystadleuaeth hon i fod yn ddigwyddiad mawr. Wnaeth Mam na neb arall erioed fy ngwthio i'r llwyfan. Ond fe wnaeth hi ac Anti Bessie fy nghymell. Hwn oedd yr unig achlysur pan gawn fy nhemtio ddigon i berfformio drwy i Mam addo y cawn ryw greadur newydd petawn i'n gwneud. Rown i'n dal yn yr ysgol fach pan gychwynnodd y gystadleuaeth hon.

Fe gynhelid y rowndiau rhagbrofol dros bedair neu bum noson. Fe fyddai cystadleuwyr yn tyrru i Lanbed o bob man. Fe gai'r cystadleuwyr eu torri lawr i'r tri gorau, a rheiny wedyn yn cael ymddangos ar lwyfan yr eisteddfod. Wnes i ddim erioed fynd mor bell â'r llwyfan eisteddfodol ond fe wnes i'n dda sawl tro yn y rhagbrofion.

Yna, yn fy mlwyddyn gyntaf yn yr Ysgol Uwchradd fe

wnes i gymryd cam pwysig ymlaen pan wnes i gystadlu yn eisteddfod yr ysgol ac ennill. Hwb ychwanegol oedd y ffaith i mi ennill yn erbyn rhai cantorion oedd yn cystadlu o ddifrif ac yn derbyn gwersi canu. Ond wnes i fy hun ddim cael gwersi nes bod fy llais i wedi torri a throi, hynny pan o'n i tua pedair ar ddeg oed. Dyna pryd wnes i ddechrau mynd at Eirioes Thomas Jones yn Llangeitho am wersi. Roedd Eirioes yn gantores amlwg iawn a oedd wedi cychwyn fel aelod o Gôr Cwmdŵr dan arweiniad Madam Cassie Simon cyn mynd ymlaen fel cantores unigol. Wedyn fe ddechreuodd gynnal gwersi canu.

Nid gorchwyl oedd canu i mi. Yn blentyn, fe fyddwn i, mae'n debyg, yn canu wrth fy hunan drwy'r dydd. Yn wir, roedd gen i gitâr yn ifanc iawn. Rhyw ddymuniad i fod yn seren y byd pop, efallai. Roedd canu pop Cymraeg ar ei anterth, ac fe gefais i gitâr o ryw siop yng Nghaerfyrddin pan o'n i tua deuddeg oed. Wrth edrych yn ôl, rwy'n synnu braidd. Roedd e'n beth anarferol iawn i mi gael presant nad oedd yn anadlu! Presant Nadolig neu ben-blwydd oedd y gitâr, chofia i ddim p'un. Dyma Watcyn Bundock wedyn, oedd yn athro ysgol lleol, yn galw am tuag awr bob wythnos i roi gwersi i mi.

O'r dyddiau cynnar fe fyddai'r cymeriad mawr hwnnw, Dilwyn Williams o Temple Bar, trafaeliwr gyda chwmni Youngs, oedd yn cyflenwi moddion creaduriaid yn hybu fy ngyrfa. Fe fyddwn i'n mynd i ambell gneifio yng nghwmni Dilwyn ac yna'n perfformio adeg yr awr ginio. Fe ges i ddigon ar hynny'n fuan iawn ac fe aeth y gitâr i'r cwtsh dan stâr.

Roedd Dilwyn yn fwrlwm o ddyn. Ac yn dal i fod felly yn ei henaint. Fe fyddai byth a hefyd yn cynnal nosweithiau llawen gyda'r elw'n mynd at achosion da. Rwy'n cofio nosweithiau'n cael eu cynnal ar fferm yn Nhrefenter. Yno y cwrddais i gyntaf â Tony, hanner y ddeuawd Tony ac

Aloma. Rhyw gyfieithiadau o'r Saesneg ac yn arbennig o rai o ganeuon Nana Mouskouri fyddwn i'n chwarae ar y dechrau. Ro'n i'n hoff iawn o'i llais hi. Fe fu hi'n boblogaidd iawn drwy'r chwedegau a'r saithdegau gydag amryw o'i chaneuon yn cyrraedd y siartiau. Yna fe wnes i ddarganfod rhai o ganeuon Morus Elfryn. Roedd e wedi bod yn aelod o'r Cwiltiaid, grŵp o ardal Talgarreg a Phontsiân cyn mynd ati i dorri ei gŵys ei hun. Roedd ei lais e'n apelio ata i, llais unigryw i ganu pop, rhyw lais uchel fel fy llais i.

Roedd yna fwrlwm o ddiddordeb mewn canu pop Cymraeg bryd hynny. Yn ogystal â'r Tannau Tawela roedd Y Perlau wrthi yn

Y nerfau wedi tawelu a finne yng ngwres y gân.

Llanbed, grŵp Rosalind Lloyd a'i ffrindiau Dawn a Llinos. Fe wnaeth y ffotograffydd Ann James agor siop recordiau Cymraeg yn Llanbed, yr unig un yn yr ardal.

Roedd yna gyngherddau'n cael eu cynnal yn rheolaidd, a fyny'r ffordd yn y Bont roedd y Pafiliwn Mawr a'i Binaclau Pop ar ei anterth. Pafiliwn y Bont oedd Meca'r canu pop Cymraeg. Byddai unrhyw un oedd yn honni bod yn seren bop yn breuddwydio am gael perfformio yn y Bont. Pafiliwn y Bont oedd Grand Ole Opry Cymru. Yno y deuent i gyd, Hogia Llandegai a Hogia'r Wyddfa, Dafydd Iwan a Meic Stevens. Roedd y lle'n dal tair mil o bobl a byddai'n orlawn bob tro.

Cartref i Eisteddfodau Pantyfedwen oedd y pafiliwn yn

Teyrnged i'r Swyddfa Bost, fy nghyflogwyr ar Faes Prifwyl Llanbed.

wreiddiol, wrth gwrs. Yna fe ddaeth Eisteddfod Pantyfedwen i Lanbed yn 1967 gyda chystadlaethau pop yn rhan o'r rhaglen. Roedd Gŵyl Fawr Aberteifi yn rhan o driawd o eisteddfodau mawr y sir.

Do, fe wnes i roi'r gorau i'r gitâr yn fuan. Fe ges i wersi piano hefyd am gyfnod gyda Margaret Lewis yn fy hyfforddi. Roedd ei thad yn Faer Llanbed. Roedd ganddon ni biano adre er na wnes i ddim sefyll arholiadau o gwbl. Ond fe wnaeth y piano ychwanegu at gynhesrwydd yr aelwyd. Bob tro y galwai Anti Bessie a'r merched fe âi'n sesiwn o gwmpas yr offeryn.

Yna, pan own i tua phymtheg oed fe ddechreuais i ganu'n gyhoeddus, ond fe aeth rhai blynyddoedd heibio wedyn cyn i mi ddechrau cystadlu o ddifri. Fe fyddwn i'n mynd i eisteddfod fawr y Bont. Roedd y gwobrau mor uchel. Yn wir, byddai modd i blentyn ennill ugain punt mewn un gystadleuaeth, arian enfawr bryd hynny. Doedd Mam ddim yn hoffi gyrru. Dad felly fel arfer fydde'n ein gyrru ni'r pymtheng milltir i'r Bont, ac i ambell i eisteddfod arall hefyd. Fe âi e â Mam a fi draw yn y bore bach. Wedyn, os cawn i lwyfan yn y rhagbrawf fe âi e adre i weithio ac yna dod nôl yn hwyrach yn y dydd i'n casglu ni. Un tro roedd Dad yn methu â mynd ac fe benderfynodd Mam yrru yn yr hen *Austin Maxi* oedd ganddon ni. Roedd angen i mi fynd i'r rhagbrawf canu unawd pop ac fe ges i lwyfan. Roedd Mam wedi clywed gan Anti Bessie y byddai criw mawr yn merlota yn Nhregaron y bore hwnnw, diwrnod agoriad y tymor merlota. A dyma Mam yn gadael am wyth o'r gloch y bore er mwyn cyrraedd y Bont, erbyn y rhagbrawf am hanner dydd. Ie, Mam druan yn caniatáu pedair awr i deithio i'r Bont! Taith lai na hanner awr i yrrwr cyffredin!

Chwarae teg iddi. Dwi ddim yn hoffi gyrru fy hunan. Pan fyddai taith hir yn fy wynebu fyny i'r gogledd fe fyddwn i'n trefnu i gwrdd ag Annette Bryn Parri yn rhywle neu'i gilydd a mynd ymlaen gyda hi.

Gydag Eirioes y dechreuais i ganu unawdau mwy difrifol. Y gân gyntaf i mi ei chanu'n gystadleuol oedd 'Bara Angylion Duw'. Mae'r unawd yn un boblogaidd iawn, sef caniad olaf ond un o'r emyn *Sacris Solemnis* gan Sant Thomas Aquinas ar gyfer Gŵyl Corpus Christi. Y fersiwn enwocaf yw gosodiad Cesar Frank yn 1872.

Y canwr a ddaeth â'r unawd i wir enwogrwydd oedd y tenor Gwyddelig, John McCormack mewn perfformiad yn Phoenix Park, Dulyn yn 1932. Wedi hynny fe'i canwyd gan enwogion fel Luciano Pavarotti ar y cyd â Sting, Placido Domingo, Richard Crooks, Donald Baswell II a Roberto Alagna. Fe'i canwyd hefyd gan sopranos fel Magna Olivero, Renatta Scotto, Chloe Agnew a Charlotte Church. Fe'i canwyd yn offeren angladd Robert F. Kennedy ac yn angladd ei frawd, Edward. Mae Julian Lloyd Webber wedi ei recordio hefyd fel darn offerynnol ar y soddgrwth.

Nid rhywbeth a ddigwyddodd ar unwaith oedd troi at gystadlu. Nid rhyw dröedigaeth ar y ffordd i Ddamascus oedd hi. Ar ôl sylweddoli bod llawer o'r rheiny oedd wedi cystadlu yn eisteddfod yr ysgol yn derbyn gwersi canu, dyma deimlo fod gen i rywbeth i'w gynnig. Roedd hynny'n wir hefyd am aelodau o'r Clwb Ffermwyr Ifanc, y merched yn arbennig. Yn wir, roedd cystadlu mewn eisteddfodau'n beth

*Ymarfer munud olaf cyn wynebu'r dorf
a'r beirniad cyn canu'r Her Unawd
dan ddeg ar hugain yn Aberteifi.*

ffasiynol i'w wneud ar y pryd. Ond i fynd yn ôl at Eirioes.

Roedd 'Nhad a Mam-gu'n adnabod Eirioes. Gyda Mam-gu'n byw'n Llanybydder, roedd y dyn drws nesa'n ewythr i Eirioes a byddai honno'n galw yno'n aml. Fel athrawes roedd hi'n ffeind iawn, yn rhy ffeind efallai. Hanner awr o wers, a hynny unwaith yr wythnos, fyddwn i'n dreulio gyda hi ond fe wnaeth hi wahaniaeth mawr i mi. Fe fyddwn i'n cael darnau newydd i'w dysgu, a'r rheiny ar dâp. Fe fyddwn i wedyn yn dilyn y darnau piano oedd ar y tâp. Dysgu fel parot oeddwn i, i bob pwrpas, a'm llais erbyn hynny wedi troi. Dyna'r adeg pan ddechreuais i o ddifrif.

Cyn belled ag yr oedd Eirioes yn y cwestiwn, wnaeth hi ddim rhoi unrhyw bwysau arna i. Ond roedd cael gwersi ganddi'n golygu troi at y darnau mwy clasurol. Y cam naturiol nesaf oedd ymuno â'r syrcas gystadlu. Doedd e ddim yn gam mawr, ond roedd e'n gam naturiol. Ac o gael ychydig lwyddiant, roedd hynny'n ychwanegu at yr awydd i gystadlu. Ar gyfer y perfformiad hwnnw yn eisteddfod yr ysgol, Anti Bessie oedd wedi bod yn gyfrifol am fy hyfforddi i. Ac yn amlwg roedd hi'n gweld rhyw fath o ddyfodol i mi ar lwyfan. Pymtheg oed oeddwn i. Ond dim ond yn ddiweddarach, ar ôl dechrau mynd at Gerald Davies y sylweddolais i nad rhywbeth dros dro fyddai hyn. Dyna pryd hefyd y gwnaeth fy llais i droi. Fyny at hynny, llais bachgen oedd gen i. Nawr, roedd gen i lais tenor. Ac fe ddechreuais i ennill gwobrau. Ac yn ffodus i mi, ar yr adeg dyngedfennol honno pan oedd fy llais i'n troi ro'n i gyda'r athro iawn. Cyd-ddigwyddiad oedd e, ond mae yna lawer o fechgyn ifanc sydd ddim gyda'r hyfforddwr

Canu yn yr Eglwys Gadeiriol yn Nhŷ Ddewi.

iawn ar yr adeg dyngedfennol yna o'u gyrfa. Mae hynna'n golygu eu bod nhw'n cael eu dal yn ôl. Mae tuedd iddyn nhw wedyn orfod canu darnau rhy galed a'u lleisiau nhw o'r herwydd ddim yn datblygu.

Mantais arall oedd y ffaith nad rhywbeth yn groes i fy nymuniad oedd canu. Ro'n i'n mwynhau canu, ac yn dal i wneud. Nid gorchwyl oedd e ond pleser, yn enwedig mewn cyngherddau. Wrth gwrs, roedd gofyn i mi ganu tipyn o rwtsh fel rhan o'r rhaglen er mwyn ceisio plesio pawb. Dyna i chi'r gân 'Kara, Kara'. Fe fyddai honno'n dipyn o jôc rhwng Annete – neu bwy bynnag fyddai'n cyfeilio – a finne. Y rheswm wnes i ei chanu hi gyntaf oedd ar gyfer llenwi cryno ddisg. Wnes i ddim meddwl na chredu am eiliad y deuai hi mor boblogaidd. Fe'i recordiwyd hi gan y grŵp New World o Awstralia yn 1971 ac fe gyrhaeddodd rif 13 yn y siartiau Prydeinig. Roedd eu record 'Tom, Tom Turnaround' wedi cyrraedd rhif chwech. Mae'r geiriau gwreiddiol yn ofnadwy:

The wind blows the palms,
He was torn from your arms
And he sailed away,
The sun burns the sand,
You can still feel his hand
As you heard him say,
In the words of the island,
I'll return one day.

Kara, kara kimbiay,
The stars will guide you on your way,
Kara, kara, kara kimbiay,
Kara, kara wait for me
When I return across the sea,
Kara, kara I'll be back to stay.

Beth bynnag, fe wnes i ofyn i Meryl ei chyfieithu. Dyma hi'n gwneud, ac yna'n darllen y geiriau Cymraeg i mi dros y ffôn.

'Meryl fach,' medde fi, 'chlywais i ddim o'r fath rwtsh erioed!'

'Beth wyt ti'n disgwyl i mi ei wneud â'r fath stwff?' medde Meryl.

Y gwir amdani oedd iddi wneud gwaith da gan fod y geiriau'n well na'r rhai Saesneg. Beth bynnag, fe aeth hi ati i wella ar y gân, ac fe wnes i ei recordio hi heb feddwl mwy. Ond unwaith y cyhoeddwyd y CD, hon fyddai ar y radio byth a hefyd. Yn wir, fe ddaeth hi'n rhyw fath o arwyddgan i

J. R. Jones, Tal-y-bont yn fy nghyflwyno ar y llwyfan.

mi. Bobman yr awn i ganu fe fydde'r gynulleidfa yn mynnu fy mod i'n ei pherfformio. Ac wrth gwrs, yn groes i'r graen fe fyddwn i'n gwneud.

Mewn cyngherddau fel arfer fe fyddwn i'n canu caneuon clasurol yn y rhan gyntaf a throi at bethe mwy ysgafn yn yr ail ran. A'r rheiny oedd pobl am eu clywed. Wrth gwrs roedd hynny'n gosod llawer llai o straen arna i.

Mae'r un peth yn digwydd heddiw. Y gystadleuaeth leisiol fwyaf poblogaidd yn yr Eisteddfod Genedlaethol erbyn hyn yw cystadleuaeth yr unawd o'r sioeau cerdd. Mae rhai arbenigwyr lleisiol yn gwgu ar hyn gan fod caneuon o'r fath yn gwneud drwg i'r llais dros amser. Mae yna rywbeth yn hyn. Mae arddull caneuon clasurol a chaneuon ysgafn yn wahanol, ac yn gofyn am driniaeth wahanol. Mae'r caneuon sioeau cerdd yn gofyn am fwy o weiddi, yn enwedig ymhlith y merched, ac mae hynny'n gosod straen ar y llais. Rwy'n credu y dylai canwr benderfynu pa lwybr i'w gymryd a glynu

Mary Lloyd Davies, y beirniad yn fy llongyfarch ar ôl llwyddiant yn Llanbed.

Cael fy llongyfarch gan Frenhines y Gân, Margaret Williams.

Priodas Bethan, merch Meryl. O'r chwith, Meryl,
Cerith y priodfab, Bethan, Rhys ac Iwan, y mab.

at hynny. Dydi canu un gân o sioe gerdd mewn cyngerdd
ddim yn beryglus. Ond os ydych chi'n mynd i'w canu nhw o
hyd ac o hyd fe allan nhw effeithio'n andwyol ar y llais. Yn
wir, fe welwch chi nad yw llawer o'r cantorion sioeau cerdd
yn para'n hir iawn.

Mae Meryl, fy chwaer wedi bod yn allweddol i mi gydol
yr amser. Er y byddem yn ffraeo byth a hefyd yn blant,
roedden ni'n agos iawn, er bod pum mlynedd rhyngom ni.
Ar ôl gadael yr ysgol fe aeth Meryl i Goleg y Drindod yng
Nghaerfyrddin. Roedd hi'n ddigon agos i ddod adre'n aml.
Yna fe aeth yn athrawes i Ysgol Capel Seion rhwng
Aberystwyth a Phontarfynach. Yno y gwnaeth hi gyfarfod â'i
darpar ŵr, Rhys George. Mae Rhys yn aelod o deulu Pen-y-
wern, Y Gors, neu New Cross. Mae ganddyn nhw ddau o
blant, Bethan ac Iwan. Felly mae yna Wncwl Timothy'n dal
yn y teulu. I Bethan ac Iwan, Wncwl Timo ydw i, a fi oedd eu
Tad Bedydd.

Mae Bethan yn Bennaeth yr Adran Gymraeg yn Ysgol Gyfun Treorci ac yn briod â Cerith o Dregaron, y ddau'n byw ym Meisgyn. Mae Iwan yn hapus ei fyd yn ffermio adre.

Gyda hithau'n fam fe roddodd Meryl y gorau i ddysgu am rai blynyddoedd cyn ail-gydio yn y gwaith. Mae hi nawr yn dysgu yn yr Adran Gymraeg a Chefnogi yn Ysgol Uwchradd Tregaron. Ar ben hynny, mae hi'n dal i gadw'n brysur yn cyfieithu neu'n addasu llawer o'r caneuon fydda i'n eu canu.

Dydi Meryl ddim yn honni bod yn gerddor. A dydi hi ddim yn gantores. Ond mae ganddi'r gallu rhyfeddol i addasu neu gyfieithu caneuon. Hynny yw, mae hi'n deall cân. Mae hi'n medru treiddio i ystyr cân ac yn gweld y darlun cyfan. Mae popeth fel petae nhw'n disgyn i'w lle iddi a dwn i ddim be fyddwn i wedi ei wneud hebddi. Mae hi'n gymaint o ffrind ag ydi hi o chwaer. Mae hi hefyd yn barod â'i barn bob amser.

Wrth i mi ehangu fy *repertoire*, fe wnes i fwy a mwy o gystadlu gan fynd i eisteddfodau mawr y Bont, Aberteifi ac, wrth gwrs, Llanbed. Yn Aberteifi fe wnes i ennill pedair gwobr gyntaf o dan bedwar beirniad gwahanol ar yr un noson. Un flwyddyn yn Aberteifi roedd Gerald Davies yn y gynulleidfa. Roedd e wedi bod yn denor amlwg a chanddo fe dŷ haf yn Ffos-y-ffin ger Aberaeron. Roedd e'n ddarlithydd yn y Coleg Cerdd a Drama yng Nghaerdydd.

Yn dilyn y gystadleuaeth fe ddaeth e ata i a gofyn a fyddai gen i ddiddordeb mewn mynd i'r coleg. Doeddwn i ddim yn awyddus mynd yno ar y pryd. Yn wir, wnaeth gadael cartre ddim hyd yn oed groesi fy meddwl. Ond dyma fe'n fy ngwahodd i fyny i Ffos-y-ffin am hyfforddiant llais. i mi roedd cael tenor i ddysgu tenor yn rhywbeth synhwyrol iawn i'w wneud. Ac fe fues i gydag e am flynyddoedd, a'i wraig, Della Windsor yn cyfeilio. Roedden nhw'n bâr hyfryd, ac rwy'n teimlo mod i wedi mynd atyn nhw ar yr

Fi a Jennifer Parry, cyd-gystadleuwyr yn Eisteddfod Llanbed.

Dathlu ymhlith fy ffans ym Mhrifwyl Llanbed.

Ar y llwyfan yn Eisteddfod Genedlaethol Llanbed.

adeg iawn, pan oedd fy llais i'n datblygu. Roedd Gerald yn awyddus iawn i mi lynu at ddarnau nad oedd yn rhy anodd.

Fe wnes i ddilyn y cylch eisteddfodol am ddwy neu dair blynedd. Fe fydden ni'n griw ffyddlon iawn yn cynnwys Mari Ffion Williams o Synod Inn, Meinir Jones Williams o Gwmann, Huw Rhys Evans, Tregaron a Delyth Hopkins (Hopcyn Evans wedyn) o Bontrhydygroes. Doedd dim dal pwy wnâi ennill. Yn bwysicach nag ennill i mi oedd dysgu sut oedd colli. Chwaeth y beirniad fyddai'n bwysig bob amser. Yn raddol fe wnes i ddod i ddeall y gêm eisteddfodol. Fe fyddai rhai beirniaid yn hoffi tenoriaid mwynaidd fel fi, eraill yn hoffi rhai mwy dramatig. Fe wnes i ddod i ddeall wedyn beth oedd chwaeth y gwahanol feirniaid. Gydag ambell un, doedd dim pwrpas cystadlu o tanyn nhw.

Fy eisteddfod leol i oedd Eisteddfod Llangybi. Fedrwn i ddim colli honno. Ac yn ddieithriad os cawn i wobr fe fyddai'r arweinydd, D. T. Lloyd – un oedd yn chwedl ymhlith arweinyddion – yn cyhoeddi: 'Yr enillydd yw Timothy

Mwynhau'r wefr o arddangos tystysgrif y cystadleuydd buddugol.

Evans, Gelli-gwenyn'. Cartref Anti Bessie oedd Gelli-gwenyn. Ond wnai hynny ddim gwahaniaeth i D. T. Lloyd. Iddo ef, Timothy Evans, Gelli-gwenyn oeddwn i. A dyna fyddwn i bob tro. I ychwanegu at yr hwyl, fe fyddai Anti Bessie yno bob tro yn eistedd gyda Mam.

Fe wnaeth D. T. Lloyd arwain Eisteddfod Llanbed am chwarter canrif. Wnaeth e ddim erioed symud o'i gartref yn Olmarch, lle magodd ef a'i wraig bump o blant. Fe fu'n ysgrifennydd ei gapel, sef Ebenezer, Llangybi am ddeugain mlynedd. Roedd e'n ddiacon yno, yn godwr canu ac yn asgwrn cefn i'r Ysgol Sul. Ond fel arweinydd eisteddfodol y caiff ei gofio fwyaf. Roedd e'n byrlymu o hiwmor, a'r hiwmor hwnnw i'w weld yn amlwg yn ei lygaid direidus.

Byddai Mam yn gefnogol iawn i mi fel canwr. Ond wnâi hi byth fy ngwthio i gystadlu, fel y gwnâi aml i fam. Peth gwrthun yw gwthio rhywun i gystadlu. Os nad yw rhywun yn cystadlu o'i wirfodd, am ei fod e'n mwynhau cystadlu, yna does dim pwrpas gwneud hynny o gwbl. Doedd hi ddim chwaith yn un o'r mamau hynny fyddai'n gwneud stumiau wrth iddi lunio a'i gwefusau bob gair fyddwn i'n ei ganu.

Yn y cyfamser, fe fu symud o'r ysgol fach yn Silian i Ysgol Gyfun Llanbed yn newid mawr. Fe wnaeth y ffaith fod chwech ohonon ni wedi mynd yno'r un pryd fod yn gymorth. O fewn ychydig flynyddoedd wedi i mi adael, fe gaeodd Ysgol Silian. Fe fyddai bws yn ein cludo i Lanbed bob dydd, gan ein codi y tu allan i'r ysgol fach. Yn yr ysgol fawr, fel yn yr ysgol fach, rown i'n dal i gasáu unrhyw weithgaredd corfforol. Ond fe wnes i ddod yn hoff iawn o'r gwersi gwyddorau, yn enwedig bioleg, a bioleg dynol.

Un peth fyddwn i'n ei gasáu yn yr ysgol oedd chwaraeon. Doedd gen i ddim diddordeb heb sôn am ddim clem. Fe fu'r prifathro'n hynod garedig wrtha i. Fe wnaeth e fy ngalw i'w swyddfa a dweud: 'Timothy bach, peidiwch â ffwdanu mynychu'r chwaraeon o hyn ymlaen.' Ac yn hytrach na rhedeg ar ôl pêl fe ges i ryddid yn ystod y cyfnodau chwaraeon i gwblhau fy ngwaith cartref.

Er i'r ysgol fach gau fel canolfan addysg, fe wnaeth ei drysau barhau'n agored am gyfnod. Yno y byddem yn dal i ddod at ein gilydd ar gyfer cyfarfodydd y Clwb Ffermwyr Ifanc nes i'r Clwb, ac yna'r adeilad ei hun fynd i ddifancoll. Heddiw mae'r hen adeilad lle cefais i'r profiadau cymysg o'i gasáu a'i garu wedi mynd â'i ben iddo, fel cymaint o ysgolion bach y wlad.

Yn yr ysgol gyfun fe wnes i sefyll fy arholiadau Lefel 'O' gan fwriadu mynd yn ôl i astudio ar gyfer fy Lefel 'A'. Ond dyma fi'n gweld hysbyseb yn y papur lleol yn dweud fod angen rhywun i weithio yn y Swyddfa Bost yn Llanbed. Dyma gynnig amdani. Fe fues i'n ddigon lwcus i gael y swydd ac yno y bues i wedyn nes i'r swyddfa gau bedair blynedd yn ôl a symud i'r Co-op ym mhen pella'r dref. Fe wnes i weithio yn y Swyddfa Bost am dros ddeng mlynedd ar hugain.

Wrth fy Mhost

Yr hysbyseb yn y *Cambrian News* neu ryw bapur lleol arall wnaeth roi cychwyn i'r cyfan. Roedd anghenion y swydd yn plesio. Doeddwn i ddim am fynd ymhell o gartre. A dyma lenwi'r ffurflen. Roedd gen i beth profiad o weithio'r tu ôl i'r cownter yn y siop a'r Swyddfa Bost yn Silian, wrth gwrs. Ond feddyliais i byth y cawn i'r swydd. Roedd yna nifer fawr, mae'n debyg, wedi cynnig. Ond, yn dilyn y cyfweliad, fe ges i'r gwaith, hynny er mawr syndod a phleser.

Roedd hon yn swydd ddelfrydol i mi. Dim ond tair milltir fyddai raid i mi deithio bob bore a nos. Ond fe wnes i bron iawn â gwrthod y swydd pan glywais y byddai gofyn i mi dreulio saith wythnos yng Nghaerdydd dan hyfforddiant. Saith wythnos! Fe fu'n debycach i saith mlynedd. Roedd y dyddiau'n llusgo heibio. Ond pasio wnaethon nhw. Fe fyddwn i adre dros bob penwythnos, ac fe wnes i fy ngorau i'w hymestyn nhw i'r eithaf. Fe fyddwn i'n dod adre ar nos Wener. Ar fore dydd Llun wedyn fe fyddai Dad yn fy nghludo lawr i Rydaman i gwrdd â rhywun oedd ar yr un cwrs ac yn teithio o'r fan honno. A nôl â fi i Lanbed ar ddiwedd y cwrs heb freuddwydio y byddwn i yno am ddeng mlynedd ar hugain.

Y postfeistr oedd William Jones, ac yn yr un adeilad â ni roedd y postmyn. Yno hefyd roedd y gyfnewidfa deliffon ar un adeg. Roedd siŵr o fod dri chwarter ohonon ni'n bobl lleol Cymraeg. Peth da oedd hynny gan fod llawer o'r cwsmeriaid yn hen bobl oedd eu hunain yn Gymry Cymraeg, llawer ohonyn nhw ag angen help i ddeall y mân reolau.

O'n i ddim yn gyrru bryd hynny ond roedd cymydog i ni, Tom, yn gweithio yn y coleg ac fe fyddwn i'n teithio nôl ac ymlaen gydag e. Erbyn hyn ro'n i wedi dechrau cystadlu. A phan fyddwn i bant mewn eisteddfod yma ac acw fe fyddai llawer o'r cwsmeriaid yn galw i ofyn a oedd unrhyw newydd amdana i o'r eisteddfodau hynny. A phan wnawn i ennill, fe fyddai'r cardiau a'r teligrams yn llifo i mewn. Roedd gen i gefnogaeth fawr.

Y tu ôl i'r cownter roedden ni'n bedwar llawn amser ac un rhan amser. Yna, pan ymddeolodd William Jones fe'i holynwyd gan Gordon George o Frynaman. Wedyn dyma newid mwy yn dod. Roedd y Swyddfa Bost yn enwog am newid pethe, hynny'n aml yn ymddangos fel newid er mwyn newid. Beth bynnag, fe drodd o fod yn Swyddfa'r Goron i fod yn Swyddfa Bost leol. Erbyn hynny ro'n i fy hunan wedi cael dyrchafiad i fod yn Bostfeistr. Ond dyma gyfle'n dod nawr i mi ei redeg fel busnes preifat. Fe wnes i rentu'r adeilad a fi wedyn oedd yn gyfrifol am benodi staff, ond fe wnaeth y rhai oedd yno eisoes benderfynu aros ymlaen. Yn wir, nid busnes oedden ni ond teulu bach cytûn. Ac yno fues i wedyn am ddeng mlynedd yn rhedeg y busnes nes iddo gau bedair blynedd yn ôl.

Roedd yma awyrgylch hapus iawn a llawer iawn o gymeriadau ymhlith y staff – yn arbennig y postmyn – a'r cwsmeriaid. Fe welais i bethe rhyfedd iawn yn digwydd yno. Rwy'n cofio un adeg pan oedd prinder bara a chwsmeriaid yn dod mewn ac yn postio torthau i'w perthnasau. Fe ddigwyddodd hynny droeon. Cyn fy amser i, fe fyddai pobl yn anfon ffowls – gwyddau a thwrcwn – i'w gilydd cyn y Nadolig. Dyna beth oedd y drefn, y dofednod heb eu plufio a dim ond labeli wedi eu stampio a'u cyfeiriadu wedi eu clymu wrth eu traed. Chefais i fy hun ddim o hynny erioed. Ond roedd y lle fel canolfan gasglu gyda chwsmeriaid yn gadael parseli i'w casglu gan ffrindiau'r diwrnod wedyn.

Rwy'n cofio hefyd un o'r merched glanhau, Maureen, yn y swyddfa ddidoli un dydd ac yn cael trafferth fawr. Roedd parsel o America wedi cyrraedd ar gyfer ei gasglu neu ei anfon ymlaen i rywun neu'i gilydd. Ond roedd rhywbeth yn rhyfedd ynglŷn â'r parsel.

'Bob tro rwy'n ei symud mae llwch yn arllwys allan,' medde hi. Mae'n rhaid bod twll ynddo fe.'

Oedd, roedd llwch llwyd yn disgyn ohono fe wrth i'r ferch ei symud. Fedrai hi ddim deall beth oedd yn ei achosi. Ac ar ôl cryn ddyfalu dyma sylweddoli fod llwch rhywun oedd wedi ei gorfflosgi wedi ei anfon i berthynas drwy'r post.

Cymeriad arall yno oedd Jean Duncan a oedd, chwarae teg iddi, yn ceisio dysgu Cymraeg. Un dydd fe ddaeth cwsmer i mewn a gofyn cwestiwn iddi'n Gymraeg.

'Pryd mae pris stampiau'n mynd lan?'

A Jean yn ateb, 'Oh, Milan? That's Italy, isn't it? So Milan is forty pence.'

Fedrwn i ddim ei beio. Mae 'mynd lan' yn swnio'n debyg iawn i enw'r ddinas yna yn yr Eidal. Un o'r cymeriadau mawr a ddaeth yma oedd Alun Rees o fferm y Dyffryn, ffrind mawr i mi. Fe ddaeth ef i weithio yma gyda llond ei gôl o hiwmor. Fe fydde fe, yn arbennig, yn dynnwr coes o fri. Mae fy nyled i'n fawr i Alun a'i wraig Eirlys a'r teulu. Pan fu Mam yn wael fe fuon nhw'n gymorth mawr i mi.

Cymeriad arall oedd Kathleen, a oedd yno pan gychwynnais i. Fe arhosodd hi ymlaen i weithio'n rhan amser ac i gadw ychydig o reolaeth arnon ni. Roedden ni'n fwy o deulu nag o griw o weithwyr. Yn anffodus y Swyddfa Bost oedd biau'r adeilad ac fe wnaethon nhw 'i werthu. Roedd e'n adeilad mawr, crand ac yn dri llawr. Ar y llawr canol oedd y gyfnewidfa del/ffon. Ond roedd honno wedi cau cyn i mi gychwyn. Wedi i honno gau, fe drowyd y llofft yn fflatiau ac roedd y perchnogion newydd am godi'r rhent ar y swyddfa. Fe wnes i gynnig prynu rhan o'r llawr gwaelod, ond na. Yn wir, fe wnaethon godi'r rhent dro ar ôl tro am fod y gost cynnal a chadw'n uchel.

Fedrwn i ddim parhau yno. Fe ddaeth i'r sefyllfa pan o'n i'n talu mwy allan nag oeddwn i'n ei dderbyn. Rhwng talu'r staff a'r rhent doedd gen i ddim gobaith cael dau ben llinyn ynghyd. Ond heb unrhyw amheuaeth, yno oedd cartre naturiol y Swyddfa Bost. Fe achosodd y peth lawer o anniddigrwydd. Dyma'r Swyddfa Bost yn ganolog, felly, yn cymryd y dewis anorfod gan fynd am yr opsiwn saffaf a chanoli'r swyddfa yn Llanbed mewn archfarchnad. Ac yn y Co-op mae hi o hyd. Ac mae'r hen swyddfa'n dal yn wag. Trist yw gweld adeilad mor grand fel rhyw fwci salw yng nghanol y dre. Yn wir, rwy'n ofni ffawd canol y dre'n gyfan. Fel cymaint o drefi eraill Cymru mae'n dirywio o hyd ac o hyd. Dydi'r arwyddion ddim yn dda.

Yn anffodus mae'r Co-op allan o ganol y dref rhwng Llanbed a Chwmann. Dydi pobl oedrannus ddim yn medru cerdded yno. Rwy'n teimlo, felly, iddi golli ei delwedd gartrefol, gymdeithasol. Yn fy nyddiau i roedd y lle'n gymysgedd o siop, banc, canolfan gynghori a meddygfa. Yno y deuai pobl i arllwys eu calon, i gael cyngor, i sôn am eu hafiechydon a'u pryderon. Weithiau fydden nhw'n dod i mewn ddim ond i siarad. A'r tristwch wedyn pan fyddai rhywun wedi colli perthynas agos a heb wybod sut oedd llenwi ffurflenni swyddogol i nodi hynny. A finne'n barod i wrando er bod hynny'n cymryd amser. Fe fydden nhw'n gwerthfawrogi hynny ac yn gadael hanner dwsin o wyau neu far o siocled fel cydnabyddiaeth. Bob Nadolig fe fyddwn i'n derbyn poteleidiau o sieri neu bort. Fe fyddwn i'n eu siario rhwng y staff wedyn – 'tawn i'n yfed y cyfan fy hunan, fe fyddwn i'n alcoholig! Roedden nhw'n ddyddiau da er bod arna i gyfrifoldeb ofnadwy o ran gofalu am arian. Ond fyddwn i ddim yn edrych arno fel arian, dim ond fel comoditi. Wrth edrych yn ôl nawr mae'r peth yn anhygoel.

Fel arfer fe fyddwn i adre erbyn tua chwarter i chwech bob nos. Fe fyddwn i'n cael prynhawn dydd Sadwrn a dydd

Sul yn gyfan bant. Nos Fercher fyddai'r noson bwysicaf pan fyddwn i'n gweithio'n hwyr. Honno oedd noson gwneud y balans. Fe fyddai bron pob un o siopau Llanbed ynghau ar brynhawn dydd Mercher beth bynnag, a hynny'n golygu y byddai pethe'n gymharol dawel.

Fe fyddai fen *Securicor* yn galw ddwywaith yr wythnos i nôl symiau anferth o arian. Rwy'n synnu erbyn hyn fy mod i'n medru cysgu'r nos. Beth bynnag, busnesau yw siopau a swyddfeydd post bellach, mannau gwneud arian. Does dim byd arall yn cyfrif. Ac os nad ydyn nhw'n gwneud digon o arian, maen nhw'n cael eu cau. Dydi'r oes hon ddim yn adeg dda i chi fod yn hen. Yn anffodus mae'r hen gwmnïaeth oedd yn dod yn naturiol wedi mynd ar goll.

Oedd, ar un adeg roedd Swyddfa Bost Llanbed, fel swyddfa pob pentref a thref cefn gwlad, yn ganolfan gofidiau i bawb. A finne'n cadw ieir, roedd gen i ddeorfa o dan y cownter lle byddwn i'n gosod yr wyau. Adre roedd y tymheredd yn amrywio, a hynny'n amharu ar y broses o ddeor. Yn y Swyddfa Bost roedd y tymheredd yn para'n rheolaidd. Byddai cywion bach yn cyrraedd bob tua thair wythnos ac yno y byddai'r staff a rhai o'r cwsmeriaid yn tyrru o gwmpas y ddeorfa i'w gweld nhw. Roedd hi'n amlwg i'r cwsmeriaid fod yna gywion bach, wrth gwrs, wrth iddyn nhw glywed eu trydar.

Erbyn hyn roedd Mam a finne'n byw ym Mhenbryn, uwchlaw Neuadd Fictoria yn y dref cyn i mi symud i ble ydw i nawr yn Stryd y Farchnad wedi marw Mam. Roedd hi'n 77 oed ac yn wan iawn. Roedd hi'n dioddef yn arbennig o *osteoporosis*. Oherwydd ei bod hi mor wan fe fydde hi'n dioddef o un peth ar ôl y llall. Ond fe ddaliodd i ddod i bob cyngerdd waeth ble byddwn i'n perfformio. Fe gasglodd hi bob math o raglenni, lluniau, toriadau papur newydd a thlysau oedd yn ymwneud â'm gyrfa i. Maen nhw gen i o hyd, bocseidi ohonyn nhw.

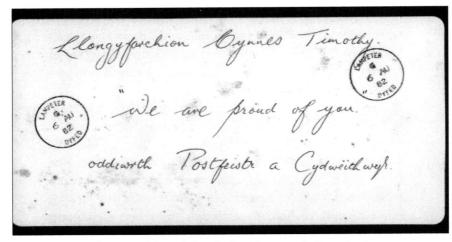

Telegram oddi wrth fy nghydweithwyr yn fy llongyfarch.

Ro'n i'n benderfynol o ddod nôl o ble bynnag fyddwn i'n ymddangos heb dreulio'r nos yno. Pan fyddwn i fyny yn y gogledd fe fyddai'r trefnwyr yn gofalu y byddwn i'n perfformio'n gynnar. Yn aml fydden ni ddim adre tan tua dau neu dri o'r gloch y bore. Ond adre fydden i'n dod.

Ond o ran y Swyddfa Bost, fe wnes i weld newid mawr yn y gwaith yn ystod y deng mlynedd ar hugain y gwnes i weithio yno. Y newid mwyaf fu dyfodiad y cyfrifiadur. Cyn hynny, papur a phensil oedd hi wrth gadw balans. Gwaith llafurus ac anodd iawn oedd hwnnw. Pan glywais i am y newid ro'n i'n ofni'r gwaethaf. Ond fe brofodd i fod yn fwy hwylus na'r disgwyl. Fe fu'r newid, pan ddaeth e, yn un sydyn. Fe ddigwyddodd i bob pwrpas dros nos.

Newid mawr arall fu diddymu'r llyfrau pensiwn. Fe arweiniodd dyfodiad y cerdyn pensiwn at lawer o gymysgedd, yn enwedig i'r rhai hynaf o'r cwsmeriaid. Wedyn fe ddechreuwyd talu pensiynau'n uniongyrchol i'r banc, ond fe ddewisodd llawer o'r rhai hŷn barhau i'w gasglu o'r cownter.

Un peth wnaeth ddiflannu oedd y telegram. Fe fyddwn

i'n derbyn rhai fy hunan yn dilyn ambell lwyddiant eisteddfodol. Ar un dydd Sul o bob mis fe fyddai disgwyl i mi ddod mewn i dderbyn telegramau, rhwng naw ac un ar ddeg y bore. Y postmyn oedd yn eu dosbarthu nhw. Ro'n i'n gyfrifol am ardal eang iawn, lawr am Gastellnewydd Emlyn a Llandysul. Weithiau fyddai yna ddim un. Ond ar adegau arbennig, fel diwrnod priodas, fe fedren ni fod yn brysur iawn.

Roedd e'n drueni colli'r telegram. Roedd e'n llawer mwy personol rywfodd na cherdyn cyfarch. Talu fesul gair fyddai rhywun ac fe fyddent ar ei hanterth ar ddiwrnod priodas neu ben-blwydd neu ar adeg cyhoeddi canlyniadau arholiadau. Ond fel cymaint o wasanaethau eraill, fe ddaeth ei gyfnod i ben. Roedd y telegram yn perthyn i'w oes. Heddiw, gyda datblygiadau newydd, yn arbennig negeseuon e-bost a'r rhyngrwyd, does dim lle i'r telegram yn ein byd electronig modern.

Roedd oriau gwaith yn y Swyddfa Bost yn rhai pendant a chlir. Fe fyddwn i'n cyrraedd am wyth o'r gloch y bore er mwyn agor am naw. Fe fyddai'r postmyn yno oriau cyn hynny'n didoli a'u cleber i'w glywed dros bobman. Fe fyddai yno dros ugain o bostmyn ar un adeg. Ar ôl y didoli fe fydden nhw'n mynd allan ar eu rowndiau. O dipyn i beth fe ddaeth Aberaeron a Llanybydder o dan ofal Llanbed.

Roedd y cloc yn bwysig iawn yn y Swyddfa Bost. Fe fyddai'r post yn gadael ar amserau cwbl bendant, ddim munud yn hwyr, ddim munud yn gynnar. Roedd y cyhoedd yn disgwyl prydlondeb. Petai bocs yn cael ei wacáu'n gynnar, fe fydden ni'n siŵr o dderbyn cwyn.

Roedd diogelwch yn cael sylw mawr, yn naturiol. Wedi'r cyfan fe fyddai arian mawr yn dod i mewn ac allan. Yn ystod y cyfnod pan o'n i'n bostfeistr, gen i oedd yr allwedd ac yn aml yn ystod y nos fe ganai'r larwm ac fe wnawn i dderbyn galwad o Swyddfa'r Heddlu yn Aberystwyth. Fe awn i gwrdd â'r heddlu y tu allan i'r drws. Ac yn naturiol, fi fyddai'n gorfod mynd i mewn yn gyntaf. Wrth gwrs, fe fydden nhw'n gwybod ar unwaith na fyddai yno broblem. Naw gwaith allan o ddeg fe fyddai'r larwm wedi canu'n ddamweiniol.

Ond un noson fe fu yna ddigwyddiad go iawn. Y tro hwnnw, wnaeth y larwm ddim canu. Y postmyn, a oedd yn cyrraedd tua phedwar o'r gloch y bore, wnaeth amau fod rhywbeth o'i le. Ac yn wir roedd rhywrai wedi torri mewn drwy'r swyddfa ddidoli ac yna ymosod ar y wal rhwng y stafell honno â'r cownter â gordd. Yn wir, ro'n nhw bron iawn â thorri trwyddo ond fe wnaeth rhywun, mae'n rhaid, darfu arnyn nhw. Fe wnaethon nhw ddianc â rhai parseli oedd yn cynnwys presantau. Ond fe fethon nhw gael hyd i unrhyw arian. Roedd hi'n adeg y Nadolig, ac fe fyddai arian mewn amryw o amlenni oedd yn cynnwys cardiau cyfarch. Wydden nhw ddim, ond roedd yr arian ar gyfer talu allan neu fancio'n ddiogel yn y sêff. Fe fu'r heddlu yno am rai dyddiau'n archwilio ond chafodd neb eu dal.

Yn ystod fy nghyfnod yn y Swyddfa Bost y dechreuodd fy niddordeb mewn casglu henebion. Rwy'n cofio'r union ddiwrnod pan gychwynnodd y diddordeb. Ro'n i wedi bwriadu cystadlu yn yr Eisteddfod Genedlaethol. Ro'n i wedi dysgu'r darnau gosod ond fe wnes i orwneud pethe yn y sioe yn Llanelwedd gan ddal annwyd a cholli'n llais.

Cicio'n sodlau adre o'n i felly pa wnes i ddeall fod yna sioe hen bethau yn Llanbed ac fe es i yno. Roedd gen i wythnos o wyliau beth bynnag, a draw â fi. Yno fe welais i lestri gwydr Llugaeron, neu Cranberry. Gwydr lliw cochaidd yw hwn, sef yr un lliw â llugaeron. Fe hoffais i nhw ar unwaith er fy mod i'n teimlo eu bod nhw braidd yn ddrud. Adre â fi heb feddwl mwy am y peth. Yna dyma fodryb i mi, Meirion – chwaer i Dad – oedd yn byw drws nesaf yn digwydd galw ac fe aeth yn sgwrs am y Cranberry. Roedd ganddi hi enghreifftiau yn y tŷ. Ac yn wir, ar y dreser roedd ganddi amryw o ddarnau. A dyma finne nawr yn penderfynu dechrau casglu, gan gychwyn gydag un darn, sef jwg.

Fe ddechreuais i deithio i wahanol ffeiriau ac arwerthiannau gan fynd mor bell â Llundain weithiau. Erbyn heddiw mae gen i hyd at 180 o ddarnau. Maen nhw i gyd o gyfnod oes Fictoria, o tua 1880 hyd 1905. Roedd gwydr Cranberry'n gyffredin iawn yn ei ddydd ac yn ddigon rhad. Yr hen enw arno yn Ewrop oedd 'Ruby Gold'. Roedd e'n rhywbeth oedd gan bawb ar y dreser adre ar y fferm neu ddyddyn, yn aml ar ffurf basin siwgr a jwg, a chaent eu defnyddio ar gyfer te dydd Sul fel llestri gorau.

Ond mae e'n ddeunydd brau iawn ac yn torri'n hawdd gan ei fod wedi ei lunio drwy ychwanegu ychydig o aur i'r gwydr tawdd. A thros amser fe ddiflannodd llawer o'r llestri. Dim ond darnau o ansawdd perffaith fydda i'n eu prynu. Os oes nam arnyn nhw, dydi nhw werth fawr ddim. Rwy'n prynu llawer ar e-bay, a phan fydda i'n agor parseli fe fydda i'n dal fy anadl gan ofni'r gwaethaf. Mae'r nam lleiaf yn ddigon i ddifetha'u gwerth. Maen nhw'n boblogaidd iawn allan yn America.

Wn i ddim beth wnaeth ddenu fy llygad tuag at y Cranberry. Math arall o'r un cyfnod fydda i'n ei hoffi'n fawr yw gwydr Mary Gregory, wedi ei enwi ar ôl yr Americanes â'i lluniodd e. Mae hwn eto mewn gwydr lliw, un cochaidd, glas neu wyrdd, ond mae yna luniau plant wedyn mewn enamel wedi eu gosod arnyn nhw. Mae gofyn bod yn ofalus, wrth gwrs. Rhaid i chi fod o gwmpas eich pethe gan fod cymaint o ddarnau ffug yn cael eu cynhyrchu. Os yw rhywbeth yn werthfawr, mae rhywun yn rhywle yn siŵr o ganfod ffordd i elwa ar hynny.

O ddechrau cymryd diddordeb yn y gwydrau hyn fe fyddwn i wedyn, pan fyddwn i'n teithio i rywle i ganu, yn galw mewn siopau hen bethau i chwilio am fwy. Erbyn hyn dwi ddim yn prynu cymaint. Yn un peth does gen i ddim llawer o le ar ôl. Ond mae'r byd hen bethe, yn ei dro, wedi arwain at ffrindiau newydd yn union fel y gwnaeth mynychu eisteddfodau a sioeau amaethyddol.

Pan gaeodd y Swyddfa Bost yn Llanbed fe wnes i weithio am gyfnod yn Swyddfa Bost Llanybydder. Gweithio yn ôl y galw fyddwn i, ar ddau ddiwrnod yr wythnos fel arfer, mwy os byddai angen. Fe wnes i gyflenwi mewn sawl lle, Castellnewydd Emlyn a Rhydargaeau yn eu plith. Fues i ddim allan o waith erioed. Yn y swyddfeydd llai roedd bywyd yn dawelach. Roedd gen i fwy o amser i mi fy hun i hel meddyliau. Ac roedd gen i lawer o feddyliau i'w hel.

Mae fy Enw i Lawr

Mae unrhyw Swyddfa Bost yn lle delfrydol nid yn unig i gwrdd â phobl ond hefyd i wneud ffrindiau newydd. Mae pobl leol yn dod yno'n naturiol, wrth gwrs. Ac mae pobl sydd ar eu gwyliau, neu'n treulio cyfnod yn yr ardal yn gorfod galw os ydyn nhw am anfon llythyron neu gardiau i deulu neu ffrindiau. A chan fod Llanbed yn dre coleg, roedd rhywun yn gweld wynebau newydd byth a hefyd. A'r wynebau newydd hynny'n dod, yn aml, i fod yn wynebau ffrindiau. Mae 'na hen ddywediad sy'n mynnu mai dieithryn yw'r ffrind dych chi ddim eto wedi'i gyfarfod.

Rhaid i mi sôn am ddwy fenyw, yn arbennig, a fyddai'n galw yma. Yn wir, er nad oes gen i syniad pam, rwy wedi bod yn destun chwilfrydedd i'r ddwy ohonyn nhw yn eu gwahanol lyfrau. Mae'r ddwy yn dod o America, a dod yma i ddysgu Cymraeg wnaeth y ddwy. Ar wahân i gyrsiau gradd y Coleg, roedd yna gwrs Wlpan llwyddiannus iawn yma yn Llanbed, a'r rheiny'n denu pobl o bob math ac o bedwar ban byd.

Un ohonyn nhw oedd Pamela Petro, athrawes a newyddiadurwraig o Massachusets. Mae hi'n arbenigo mewn llyfrau taith ac wedi cyfrannu'n helaeth hefyd i'r *New York Times*. Hi yw awdur *Travels in an Old Tongue*, cyfrol a gyhoeddwyd yn 1997. Cyfrol yw hi wedi ei seilio ar ei phrofiadau yn dysgu Cymraeg, ac am Gymry yn eu gwlad eu hunain a Chymry tramor ledled y byd. Roedd y ffaith mai Pam yw ei henw hi, a 'pam' yn Gymraeg yn gwestiwn, yn destun rhyfeddod iddi gan mai'r cwestiwn 'pam' yw craidd ei chyfrol.

Fe wnes i ddod i'w hadnabod hi drwy'r cyngherddau a gynhelid yn y coleg gan Saga. Mae hi'n sôn yn ei llyfr amdani ei hun yn galw yn y Swyddfa Bost, a hithau'n dioddef o *laryngytis*. Mae hi'n ceisio fy nynwared i yn sgwrsio â hi: 'Wel, wel, sut mae, 'te?' Mae hi'n disgrifio fy llais fel un mor felys â jeli ac yn byrlymu o ddifyrrwch.

Mae hi'n ateb fy nghyfarchiad: 'Da iawn, diolch. A sut ydych chi?' Mae hi'n cyfaddef ei bod hi'n dweud celwydd, ac yn pwysleisio'r 'chi' er mwyn dangos mai chwarae gêm mae'r ddau ohonon ni, fel dau hen ffrind. Mae'n cyfarchion yn dod yn hawdd, medde hi, er bod eu rhai hi'n swnio fel cath yn cael ei thagu tan glustog. A dyma fi'n gofyn: 'Laryngitis?'

Mae hi'n nodio'i phen ac yn datgan mewn Cymraeg elfennol (ei disgrifiad hi) ei bod hi yn Llanbed yn ymchwilio ar gyfer ei llyfr. Cyn i mi fedru ateb mae hi'n troi i'r Saesneg gan hisian: 'And to practice Welsh, of course. After my throat gets better. And I need to send these postcards.'

Dyma fi wedyn yn gofyn iddi ai rhywbeth seicomatig yw'r *laryngitis*? Mae fy ynganiad o'r gair 'seicomatig', medde hi, fel falfs trymped, yn mynd fyny ac i lawr, fyny ac i lawr. A dyma fi'n ei hatgoffa o'i dyddiau pan oedd hi'n astudio ar gyfer gradd MA, pan fyddai hi'n llithro i'r arferiad anffodus o anfon llythyrau heb stamp. Roedd hynny, meddai, yn ogystal â'i hacen Americanaidd wedi ennill iddi broffil uchel yn y Swyddfa Bost, ynghyd â'r ffaith ei bod hi'n galw mor aml. Wedi'r cyfan, byddai'r rhelyw o fyfyrwyr yn gadael Llanbed am byth wedi iddyn nhw raddio. Ond nid hi.

'Fe fyddwn i,' meddai, 'yn dod nôl bob dwy neu dair blynedd gan gerdded i mewn i'r Swyddfa Bost, gyda finnau yn ei chyfarch bob tro, "Felly, nôl unwaith eto?" Neu, er mwyn chwarae i'r gynulleidfa'n ynganu'n uchel, "Wel, dyma'r Americanes wallgof yna wedi dod nôl!" Ond, yn dilyn fy nghwrs dwys o ddysgu Cymraeg ar draws y stryd yn y Coleg adeg haf 1992, ceisiem siarad Cymraeg â'n gilydd. Mewn brawddegau cwta iawn. Am adegau byrion iawn.'

Yna mae hi'n sôn am y ddau ohonom yn taro bargen, a hynny'n gwneud i mi godi fy amrannau.

'Fe bryna i bryd o fwyd i ti os wnei di siarad yn Gymraeg yn unig â fi am o leiaf awr.' Teimlai fod hwn yn symudiad dewr, gan nad oedden ni erioed o'r blaen wedi cwrdd y tu allan i'r Swyddfa Bost. A dyma'i disgrifiad ohona i: 'Mae Tim yn ddyn mawr, o faint Pavarotti o leiaf. Ac mae e'n denor yn ogystal, gyda dau albwm lle mae'n canu bron y cyfan yn Gymraeg. Teimlaf fod bwyd yn demtasiwn gref iddo.'

Mae'n debyg i minne ateb: 'Dyna gynnig na fedra i ei wrthod,' gan wenu a chreu crychau yn fy wyneb. A dyma ni'n penderfynu ar ddyddiad cyfarfod yr wythnos wedyn.

Mae'n anodd cofio erbyn hyn pa mor wir yw'r darlun. Ond fe wnaeth Pam dreulio blwyddyn a hanner i gyd yn Llanbed ac fe ddaethon ni'n ffrindiau mawr.

Yn amlwg o ddarllen ei chyfrol, mae Llanbed yn agos iawn at ei chalon. A pheth da'n aml yw cael darlun o'r lle gan rywun o'r tu allan. Mae ei disgrifiad o'r dre'n ddiddorol. Mae yna gymaint o anghysondebau, medde hi, gyda'r mwyafrif o fyfyrwyr a staff yn y coleg yn alltudion Seisnig sy'n ymgasglu at ei gilydd fel petai nhw ar ynys unig gan hiraethu yn eu meddwdod dagreuol am fwyd Gwlad Thai a ffilmiau tramor. Teimla fod yr anghysondebau hyn i'w canfod o fewn daearyddiaeth syml.

'I'r llygad mae Llanbed yn lle plaen. Y trwyn yw'r mesurydd gorau o'i harddwch: cryndod brathog y mwg glo ar fore tamp; sawr olew y tu allan i siop Jones y Bwtsiwr sy'n treiddio i'r croendyllau; y rhuthr o hen gwrw yn gollwng o'r tafarndai; olew'n ffrio; arogl y môr pan fo'r gwynt o'r gorllewin; gwrtaith; gwlân gwlyb; arogldarth o'r siopau bwydydd iach a'r siopau hipis; cacennau Cymreig newydd eu crasu; print papurau; cosmetics rhad. Yr unig beth sy'n dwyn sylw'r llygad yw bryn moel y tu ôl i'r Coleg wedi ei

An inspiring little town

Author Harrison Solow has achieved many things in her interesting and varied life, but found inspiration for a new book in an unusual source - Lampeter post office.

Sylw mawr yn y wasg i'r ffaith i fi gael fy anfarwoli mewn llyfr gan yr awdures Harrison Solow.

goroni â thwffyn o goed ar y brig uchaf fel cwmwl bythol o liw madarchen werdd barhaol. O'r copa, gwelir dafad-lun o dir pori'n rhubanu tuag at y gorwel i bob cyfeiriad.'

Ond mae hi'n disgrifio ambell olygfa na welais i yn Llanbed erioed: 'Dyn noeth yn ymlid moch lawr y Stryd Fawr, chwaraewyr rygbi wedi eu coluro a minnau, cyn i mi gallio, yn gyrru'n wallgof lawr hyd ffyrdd y wlad yn y nos drwy atalfeydd o niwl heb gynnau lampau'r car, a hynny o ran diawlineb yn unig.'

Er mor annisgwyl, ychydig dudalennau o sylw gefais i gan Pam. Ond fe aeth awdures arall ati i ysgrifennu traethawd cyfan arna i! Enw hon yw Harrison Solow, ac fel Pam, drwy'r Swyddfa Bost y gwnes i ddod i'w hadnabod hithau. Fe ddaeth hi i Lanbed i ddarlithio yn yr Adran Saesneg ac i ddysgu Cymraeg. Yn wir, fe ddysgodd yr iaith mewn amser byr.

Merch o Hawaii yw hi'n wreiddiol ond fe dreuliodd ei phlentyndod yn San Francisco, California. Fe fu hi'n lleian am gyfnod cyn symud i Ganada lle priododd a dod yn fam i ddau fab. Torrodd y briodas ac fe aeth hi'n ôl i America i fod yn ddarlithydd. Wedyn dyma hi'n dod draw i Lanbed.

Yma fe aeth hi ati i ysgrifennu math ar draethawd wedi ei seilio arna i o dan y teitl 'Bendithion', a ymddangosodd mewn cylchgrawn o'r enw *AGNI*. Nawr mae'r traethawd, a enillodd iddi radd PhD, yn mynd i fod yn hanner rhan o nofel epistolaidd (beth bynnag yw hynny) o dan y teitl *The Bendithion Chronicles*. Bydd copi o'r traethawd i'w weld yn y Llyfrgell Genedlaethol ac yng Ngholeg Llanbed. Fe enillodd y traethawd gwreiddiol Wobr Pushcart am Lenyddiaeth iddi. Mae ei hail ŵr, Herbert yn gyn-bennaeth stiwdios MGM, Paramount a Desilu yn Hollywood.

Mae ei disgrifiad hi ei hun o Bendithion yn ddiddorol, a dweud y lleiaf. Ni fentraf gyfieithu:

Bendithion, the essay is a liminal tale about a reclusive, stunningly talented and almost magical tenor, the Postmaster of a little town in Wales and the strange, chaste, romantic friendship we shared.

Ie, fi – credwch neu beidio – yw'r *reclusive, stunningly talented and almost magical tenor*. Pan gyhoeddwyd y traethawd fe wnaeth e greu cryn gyffro. Fe ges i a hi ein cyfweld ar Radio Wales gan Nicola Heywood Thomas ac fe fu yna storïau yn y papurau. Fe aeth Harrison mor bell â threfnu drwy ryw asiant cerddorol neu'i gilydd i mi fynd allan ar daith i ganu yn America. Wnes i ddim.

Mae'r traethawd yn un diddorol, â dweud y lleiaf. Mae'r awdur yn cychwyn trwy fynnu fod y Cymry'n wahanol i genhedloedd eraill gan fod ganddyn nhw, fel y Fylcaniaid yn 'Star Trek', amrannau mewnol. Ond mae'r amrannau hyn yn fwy o orchudd cymylol na rhwystr. Maen nhw'n caniatáu i ni'r Cymru edrych allan, ond yn cysgodi'n effeithiol yr hunan mewnol rhag llygaid y rhai chwilfrydig y tu allan, gan daflu cysgod dros bopeth sydd o'i ôl.

Yna, o ganfod fy mod i'n archebu brechdanau bob amser cinio o dŷ bwyta'r Sosban Fach, ac yn cael un o'r postmyn i'w nôl, mae hi'n penderfynu – yn y tawelwch cymharol wedi'r awr ginio – alw yn y caffi i sgwrsio â menywod lleol i'w holi nhw amdana i. Mae hi'n disgrifio Bronwen, Marlene a Gwawr (nid dyna eu henwau iawn) fel haid o ferched mewn ffedogau wedi eu patrymu â thebotau. Mae'r canlyniad yn ddoniol iawn a'r sgwrs rhwng Harrison a'r merched yn mynd fel hyn. Dyma gyfieithiad:

'Fedrwch chi ddweud rhywbeth wrtha i am Timothy?'

'Llais lyfli, ganddo fe, ond oes e?' yw'r sylw cyntaf. Rhywbeth a wna droi'n gytgan.

'Ie,' medde fi, 'rhyfeddol. Ond be ddwedech chi, ar wahân i'w lais yw ei brif nodweddion? Fe hoffwn i wybod mwy am ei bersonoliaeth – sut fyddech chi'n ei ddarlunio?'

'O, mae e'n lyfli, yn wir, ond ydi e?' yw'r ymateb nesaf – hynny'n cael ei dderbyn gan gleber o gytundeb a phennau'n nodio.

'Sut felly?' gofynnaf.

'Mae e'n dda iawn i'w fam,' medde un yn ddoeth.

Gan fod nifer o droseddwyr dieflig wedi eu cofnodi fel rhai a fu'n dda i'w mamau, dydi hyn ddim yn rhywbeth sy'n ddigon arwyddocaol ddarluniadol i'w gynnwys mewn erthygl, ond mae'r tawelwch byr sy'n dilyn hyn, mewn parch i'w golled ddiweddar yn gwneud i mi betruso. Yng nghanol eu distawrwydd fe gyfyd fy nistawrwydd fy hun i'm hamgylchynu, fe ail-ffurfia fy nghysylltiad â Timothy a medraf deimlo unwaith eto ei alar.

Mae curiadau fy nghalon yn arafu. Yn drymach. Yn fwy taer. Yn fwy torfol, teimlaf fy hun yn colli fy hunaniaeth. Mae un neu ddwy o fenywod yn syllu arna i fel petai nhw am glustogi – neu fel petai nhw am fy ynysu – o blith y criw. Fedra i ddim bod yn siŵr p'un. Does yna'r un ohonyn nhw eto'n sylweddoli fy hunaniaeth â Timothy. Penderfynaf fod yn ddiduedd. Ymysgydwaf fy hun yn rhydd.

'*Oedd, rwy'n siŵr ei fod e,' meddaf yn fywiog, fel pe na fuasai'r wybodaeth a'r golled honno'n curo yn fy ngwythiennau.*

'*Ond rwy'n ceisio'i ddisgrifio o'i fewn ei hun, fel petai – wyddoch chi am beth fydd e'n teimlo'n gryf – naill ai'n gadarnhaol neu'n negyddol?'*

'*O, does ganddon ni ddim byd negyddol i'w ddweud amdano,' meddai un. Ysgydwant eu pennau oll gyda phendantrwydd.*

'*Na – na – dwi ddim yn meddwl hynna. Yr hyn dwi'n ofyn yw oes ganddo fe deimladau cryf neu deimladau dros neu yn erbyn unrhyw beth wyddoch chi amdano?*

'*Mae e'n hoff o wydr. Mae ganddo fe gasgliad lyfli o wydr. Pinc. Ydi chi wedi ei weld?'*

'*Na, ond nid dyna'r union beth oedd gen i mewn golwg.' Er hynny, gwnaf nodyn clir a chymen yn fy llyfr nodiadau: casglu gwydr pinc? 'Chi'n gweld, dyna'r math o beth fedra i ei holi amdano, mewn gwirionedd, ond diolch i chi am ddweud wrtha i.' Ceisiaf egluro, er fy mod i'n dechrau sylweddoli eu bod nhw i gyd yn gwybod yn union be dwi'n feddwl. 'Rwy angen eich argraff ohono – unrhyw hanesion fedrwch chi eu hadrodd amdano a fyddai'n dangos sut fath ddyn yw e.'*

'*Cranberry,' llafargana llais o gornel y bwrdd. Mae'n swnio fel 'Crrrrrahnbuddy' – sŵn melodaidd, aml-wead sy'n ymddangos fel petai iddo lawer mwy o sillafau na sydd ganddo mewn gwirionedd. Oedaf am foment – ymhyfrydu yn y gân fechan Gymreig ac yna dweud:*

'*Cranberry beth?'*

'*Gwydr,' meddai, eto gydag aml-soniaredd. 'Gwydr Cranberry. Mae e'n eu casglu.'*

'*Edrychwch...'*

'*Roedd e ar raglen Ceisiadau'r Sul ddoe,' meddai Bronwen*

ar fy nhraws. 'Fe wnes i roi fy mrwsh i lawr ar unwaith ac eistedd yno yn y gegin a gwrando. Dod â lwmp i'ch gwddf, ond yw e?'

Wedi i mi orfod aros i mewn gan ddisgwyl i'm llygaid chwyddedig ddychwelyd i normal droeon am ddiwrnod cyfan ar ôl gwrando ar Timothy'n canu, mae fy 'Ydi, mae e' i'w glywed' yn annigonol, ond gwn os gwnaf ailadrodd fy mhrofiadau fy hun y gwna'r sgwrs wedyn blymio i ddyfroedd dyfnion y dymunwn gadw allan ohonyn nhw am nawr, felly ychwanegaf yn unig: Rwy am wybod sut un yw e fel person – nid fel canwr yn unig. Oes ganddo fe unrhyw nwydau neu achosion, neu arferion personoliaethyddol y medrech feddwl amdanynt wrth ei ddisgrifio?'

Distawrwydd sy'n croesawu fy nghwestiwn. Tybiaf mai'r gair 'nwydau' sydd i'w gyfrif ac ar unwaith edifarhaf am fy ngeirfa.

Syllant oll i'w cwpanau te.

'Wel,' cyfyd llais o ganol y criw. 'Dy'n ni ddim yn ei adnabod e'n dda.'

Mae hyn braidd yn ormod i ferch o Galiffornia sy'n gyfarwydd â chyfeillgarwch pum munud. Ymrwymiadau deng munud.

'Dewch nawr! Ry'ch chi i gyd wedi ei adnabod ers degawdau – fe fyddwch chi'n siarad ag e ymron bob dydd! Ry'ch chi'n adnabod ei deulu, ffrindiau, y mudiadau mae e'n perthyn iddyn nhw – ei eglwys, y dref – ei ddiddordebau. Dydw i ddim yn bwriadu dweud unrhyw beth drwg amdano. Rwy'n awyddus i wybod yn unig sut un yw e – tawel, doniol, bywiog, gwleidyddol – pethe felna.'

Codant eu pennau. Mewn chwe phâr o lygaid, disgynnodd yr amrannau mewnol. Bron iawn yn dryloyw, ond yn hidlo allan unrhyw gysylltiad gweledol, gyda phylni cymylog wedi disodli llygaid cynnes, cyfathrebol, llawen arferol fy nghymdeithion. Yn rhyfeddol, trodd pob un yn un person torfol.

'*Dyw e ddim yn dawel,*' *medd rhywun yn ofnus. Wn i ddim pwy.*

'*Ond ddim yn uchel ei gloch,*' *medd rhywun arall. Unwaith eto, er fy mod i'n union o'u blaen, fedra i ddim gwahaniaethu unigolion o blith y criw. Mae'n rhyfeddol.*

'*Na, na,*' *cytunant oll. 'Ddim yn uchel ei gloch. Mae e'n lyfli, wir. Llais lyfli.*' *Arweinia hyn at gleber o gytundeb a lansiad i mewn i drafodaeth am bwy sy'n hoffi pa gân orau a pham.*

'*Chi'n gwybod yr un dwi'n hoffi,*' *medd Rhiannon, gan ymddangos am ennyd o blith y criw. 'Honna am Fae Ceredigion.*' *Mae hi'n torri allan i'w chanu. Ymuna un neu ddwy o'r lleill. Mae'r gweddill yn cau eu llygaid gan hymian ymlaen. Rhaid cyfaddef, maen nhw'n medru canu, a chaf fy suo i mewn i awyrgylch o harmoni cydlynol a thawel am foment neu ddwy cyn ceisio adfywio fy sgwrs suddedig.*

'*Iawn,*' *medde fi. 'Rych chi i gyd yn fy adnabod i. Rwy wedi bod yn dod yma am ymron dair blynedd. Fe wnaethon ni dreulio mwy o amser gyda'n gilydd na wnes i gyda llawer o'm ffrindiau go iawn nôl adre. Edrychwch arna i. Edrychwch ar fy wyneb. Welwch chi unrhyw beth o gwbl ynddo sy'n dweud fy mod i am ddarlunio Timothy mewn goleuni gwael? A ydwi'n ymddangos fel rhywun sydd yma i frifo'r dyn hwn? Rwy'n caru'r bachan. Fe wnawn i ei briodi fory, pe medrwn i. Heddiw. Yma. Nawr.*

Cyfyd gwich fechan a chynnwrf o newid sylw.

'*Gawn ni fod yn forynion priodas?*'

Cânt eu dargyfeirio ar unwaith ac yn sydyn mae'r awyrgylch yn newid. Nid 'cyfweliad' sydd yma mwyach. Mae'n hwyl. Dyma'r 'merched'. Mae'n barti cywennod.

Dim ond dechrau'r traethawd yw hynna. Mae hi'n mynd ymlaen i fy nghanmol i'r cymylau. Yn ôl Harrison dydi hi ddim wedi gweld, cwrdd, adnabod na chlywed neb yn y byd fel fi. Trueni na fyddai ambell feirniad wedi meddwl yr un fath! Yn wir, medde hi, os nad y'ch chi'n byw yn y pentref anghysbell a braidd yn annhebygol hwn, sef Llanbed, yna fyddwch chi ddim chwaith.

Mae hi'n fy nisgrifio'n mynd adre at erwau o gaeau emrallt meddal sy'n llawn merlod Shetland, defaid Torwen ac ieir Bantam, lle byddaf yn eu bridio ac yn gofalu amdanyn nhw ar fy mhen fy hun bob bore, ambell ganol dydd (yn ystod y tymor wyna) a bob nos o'm bywyd ysblennydd rhyfeddol. Mae hi'n disgrifio fy llais fel un sy'n dod yn agos iawn i'r hyn y byddai 'Bydded Goleuni' wedi swnio petai'r geiriau hynny wedi eu hyrddio allan o ysgyfaint rhyw dduw anthropomorffig yn ystod y weithred o greu. Yn wir, yn agos iawn i'r Goleuni ei hun.

Mae hi'n ddigon gonest i gyfaddef nad yw'r traethawd yn un gwrthrychol. Mae hi, meddai, wedi ymdynghedu i ddathlu fy llais. O'i glywed, medde hi, fyddwch chi byth yr un fath. A byddwch, mwy na thebyg, yn crio drwy bob nodyn dilychwin. A dyma i chi ddweud mawr: 'Dyma un o'r lleisiau gorau i'w gadw (yn fwriadol felly) yn gyfrinachol, yn y byd gan ei fod yn ymwneud gymaint â Chymru.'

Ond, meddai, mai hynny ar fin newid. Ei bwriad yw fy nghyflwyno i asiant arbennig yn America a fydd yn trefnu teithiau i mi ac yn fy nghyflwyno i'r byd mawr y tu allan i Lanbed. Ond na, dwi ddim wedi mynd yno hyd yma. Fel y dywedais pan gafodd hi a finne ein cyfweld ar raglen radio: Petawn i'n mynd ar deithiau tramor byth a hefyd, nid fi fyddwn i ond rhywun arall. Mae hi, meddai, yn meddwl fy mod i'n cuddio fy nhalent, yn wir yn ei gwastraffu. 'Dyma ein postfeistr,' medde hi. 'Mewn pentref o ddeuddeg cant o bobl. Yn gwerthu stampiau.'

Do, fe ges i gryn sylw mewn dwy gyfrol gan ddwy awdures. Roedd un o'r ddwy am fy mhriodi (ar lefel ysbrydol). Fe ddylwn nodi i mi gael sylw gan drydedd menyw, yn Gymraeg y tro hwn. Yn ei hunangofiant *Annette: Bywyd ar ddu a gwyn* mae gan Annette Bryn Parry, fy nghyfeilyddes mewn dwsinau o gyngherddau ac ar wahanol recordiau bethe neis iawn i'w dweud amdana i. Dyma'i disgrifiad ohona i yn yr hunangofiant a gyhoeddwyd gan Y Lolfa y llynedd:

> Un sydd wedi bod yn ffrind mawr i mi dros y blynyddoedd yw'r tenor Timothy Evans. Os oes rhywun â'r duedd iach honno o beidio â chymryd ei hun ormod o ddifrif, Tim yw hwnnw. Dyna sy'n ei wneud mor hoffus. Dwi wedi cyfeilio iddo ddegau o weithiau ... Ydi, mae Timothy bob amser yn medru gwneud i mi chwerthin.

Diolch, Annette Mae dy ddawn a'th gwmni dithau wedi bod yn amhrisiadwy.

Mae gwahanol fenywod wedi chwarae rhannau pwysig yn fy mywyd. Bydd pobl yn tynnu fy nghoes byth a hefyd am fy mod i'n dal i fod yn hen lanc. Pam, medden nhw, nad ydw i wedi priodi? Fe ofynnwyd hynny i mi gan Twynog Davies ar gyfer stori yn y papur bro lleol unwaith. Fe wnes i ateb y cwestiwn bryd hynny, ac fe wnâi ei ateb yma eto. Mae cadw ieir Bantam yn llawer llai costus. Dydi nhw byth yn ateb nôl. Ac maen nhw'n clochdar dipyn yn llai nag y byddai cael gwraig o gwmpas y tŷ.

Ar fy Nhomen fy Hun

Ar ôl gadael fy ngwaith rheolaidd yn y Swyddfa Bost fe aeth ymron bedair blynedd heibio cyn i mi gael swydd arall. Un dydd ro'n i'n pori drwy ryw bapur neu'i gilydd a dyma ddod ar draws erthygl ar gobiau. Yno, dyma sylwi fod angen rhywun i weithio yng Nghanolfan Cymdeithas y Merlod a'r Cobiau Cymreig ym Mronaeron ger Felin-fach yn Nyffryn Aeron. Ac yn wir, ddechrau haf 2001 fe gychwynnais i yno. Rwy bellach yn un o bedwar ar ddeg sy'n gweithio yno. Mae hi'n swydd ran amser ac yn ddelfrydol i rywun fel fi sy'n ffoli ar geffylau. A does dim angen llawer o deithio yno. Y pennaeth yw Anna Prydderch o Aberystwyth, a minnau wrth fy modd yno.

Bron Aeron yn Nyffryn Aeron, cartref Cymdeithas Merlod a Chobiau Cymru lle rwy'n gweithio'n rhan amser.

Yn amgueddfa'r Gymdeithas sy'n llawn lluniau a chreiriau.

Fe sefydlwyd y Gymdeithas 110 o flynyddoedd yn ôl ac fe gyhoeddwyd y cylchgrawn blynyddol yn ddi-dor ers 1902. Mae'r Llyfr Gre Cymreig yn cynnwys manylion bridio pob anifail a gofrestrwyd o fewn unrhyw flwyddyn gofrestru arbennig. Mae yna bedair adran. Mae'r Ferlen Fynydd Gymreig dan 12 llaw yn perthyn i Adran A. Yna daw'r Ferlen Gymreig dan 13 llaw a 2 fodfedd, yn perthyn i Adran B. Daw Adran C wedyn, sef Merlen o Fath Cob eto o dan 13 llaw a 2 fodfedd. Yn olaf cawn Adran D, Cob Cymreig dros 13 llaw a 2 fodfedd. Mae hawl hefyd cofrestru anifail sy'n rhannol Gymreig ei frid gyda'i riant yn cynnwys dim llai na 12.05 y cant o waed Cymreig.

Shetland a merlod mynydd oedd prif ddiddordeb Dad o ran ceffylau. Felly hefyd finne. Mae'r ceffylau bach Shetland yn enwog am eu cadernid a'u gallu i fyw mewn mannau garw. Credir iddyn nhw ddeillio o groesiad ceffylau brodorol Ynysoedd Shetland a cheffylau mewnfudwyr o

Norwy. Maen nhw wedi eu defnyddio gan ddyn ers 2,000 o flynyddoedd a mwy, mae'n debyg. Y gred yw iddyn nhw fudo o dde Ewrop ac yna cael eu defnyddio gan y Celtiaid.

Croesiad o ferlen mynydd a cheffylau Orientaidd ydyn nhw ac mae yna ddau brif fath. Fe gewch y math trwm gyda phen hir ac yna'r un ysgafnach gyda chynffon uchel a phen llai. Maen nhw'n ddelfrydol ar gyfer ardaloedd fel Ynysoedd Shetland lle mae'r borfa'n brin. Gan eu bod nhw mor fychan mae angen llai o fwyd arnyn nhw nag sydd ar geffylau cyffredin. O ran eu maint, nhw yw'r brîd cryfaf o geffylau yn y byd. Maen nhw'n addas i'w cynefin hefyd gan eu bod nhw'n berffaith ar gyfer cario mawn neu wymon. Yn wir, pan fo porfa neu dyfiant arall yn brin fe wna'n nhw fwyta gwymon.

Fe fyddai Dad yn cadw rhwng deuddeg a phymtheg ohonyn nhw, ynghyd â merlod mynydd. Roedd e'n arbenigwr ar geffylau ac fe wnaeth feirniadu yn y Sioe Amaethyddol Frenhinol. Un tro fe aeth e a Mam fyny'r

Timothy Evans, Lampeter, with his Torwen female reserve champion in the Welsh badger face and best opposite sex to champion at the Royal Welsh Show. Mr Evans was also reserve champion in the best group of three sheep.
Picture Tim Jones

Y wasg yn dechrau rhoi sylw i'm llwyddiannau gyda'r defaid Torwen.

Ymhlith y merlod mynydd yn y ddau lun mae
Revel Harddwch a Revel So Sure.

holl ffordd i Aberdeen, taith o ymron 350 milltir un ffordd, i brynu ceffylau Shetland, taith hir iawn o ran amser yn y dyddiau hynny. Roedd e wedi adeiladu trêlyr y tu ôl i'r car yn arbennig ar gyfer cludo creaduriaid. Fe gymerodd ddeuddeng awr iddyn nhw deithio o Silian i Aberdeen. Fe fyddai'r ceffylau'n cael eu cludo o Ynysoedd Shetland lawr i Aberdeen, ac yno fe wnaethon nhw brynu dau neu dri a'u cludo nhw nôl yr holl ffordd i Silian.

Mae'r diddordeb mewn ceffylau yn rhywbeth sydd yn y gwaed. Fe fu Dad yn ddirprwy ysgrifennydd Sioe Meirch Llanbed am flynyddoedd. Y sefydlydd a'r ysgrifennydd oedd Alfred Williams. Yn wir, sioe Alfred oedd hi. Cyn i Alfred ei sefydlu hanner can mlynedd yn ôl doedd yma ddim byd, ar wahân i ryw sioe fach ar ôl y mart. Wedyn dyma'r Bwrdd Ardolli Betio yn cyflwyno Premiwm i'r meirch gorau ar gyfer tair adran yng Nghymru, Gogledd, Canolbarth a'r De. Roedd y meirch hyn wedyn yn derbyn hyd at dri chan punt am gael eu gosod ar gyfer cenhedlu er mwyn gwella'r brîd yn gyffredinol. Fe fyddai hyn wedyn yn codi a gwella'r safon gan alluogi'r rheiny nad oedd yn cadw ond caseg neu ddwy i ddefnyddio'r meirch gorau. Hyn a arweiniodd at sefydlu'r sioe a sefydlu gwahanol ddosbarthiadau ar gyfer creaduriaid ifanc hefyd.

Fe fu Alfred yn ysgrifennydd am bum mlynedd ar hugain gyda Dad yn ei gynorthwyo. Wedyn dyma fi'n cael fy ngalw mewn i helpu, a phan fu farw Dad, ac Alfred mewn gwth o oedran, dyma ofyn i mi a wnawn i gymryd at yr awenau. Yn ffodus iawn, y cadeirydd oedd Sam Morgan Penparc, ffrind teuluol ac agos iawn. Gyda fi'n ysgrifennydd fe rwydwyd Mam wedyn i fod yn is-ysgrifennydd. Roedd hwn yn drefniant da. Pan fyddwn i yn y gwaith fe fydde Mam adre i gymryd galwadau ffôn. Fe wnes i weithredu fel ysgrifennydd

Silian Blodwen, y ddafad Torwen a ddenodd bris o 1,200 gini,
sy'n dal yn record.

y sioe am bedair blynedd ar ddeg, ac fe ges i fy anrhydeddu drwy gael fy ngwneud yn Aelod Oes o bwyllgor y sioe. Y rheswm i mi ymddeol oedd bod tymor Sam fel cadeirydd yn dod i ben. Felly ro'n i'n teimlo mai hwn oedd yr amser i ddechrau o'r dechrau gydag wynebau newydd. Rwy'n dal i fod ar y pwyllgor. Yna, ddwy flynedd yn ôl fe wnes i dderbyn yr anrhydedd o gael bod yn Aelod Oes o Gymdeithas y Cobiau a'r Merlod Cymreig am fy nghyfraniad i'r Sioe Feirch.

I mi, hon yw'r sioe fawr. Yn un peth, hon yw sioe gynta'r flwyddyn. Mae hi'n fath ar ffon fesur. Os bydd rhywun yn ennill yn Sioe Llanbed maen nhw'n dueddol wedyn o fynd ymlaen i gystadlu mewn sioeau eraill. I ni, felly, yn ardal Llanbed mae hi'n bwysicach hyd yn oed na'r Sioe Fawr yn Llanelwedd.

Mae'r sioe'n dal yn hynod gryf ac yn cael ei chynnal ar y dydd Sadwrn olaf ond un ym mis Ebrill gyda saith neu wyth gant o geffylau'n cystadlu bob blwyddyn. Maen nhw'n dod o bob rhan o wledydd Prydain ac erbyn hyn o wledydd Ewrop fel Ffrainc a Gwlad Belg. Rwy'n cofio unwaith, wedi i mi ymgymryd â gwaith yr ysgrifennydd, gweld dros bedwar ugain yn cystadlu mewn un dosbarth ar gyfer ebolesau cobiau blwydd. Mae hynny'n dal i fod yn record. Yn anffodus mae'r llwyddiant wedi ein gorfodi i symud o Lanbed i gae sioe mwy o faint yn Nhalsarn ar dir Llanllŷr. Dydi hynny ddim cystal i'r dre. O'r blaen byddai'r dynion yn mynd i'r sioe a'r menywod yn dal ar y cyfle i siopa yn y dre. Ond dyna bris cynnydd.

Mae sioeau yn fy ngwaed. Dechrau law yn llaw â 'Nhad wnes i gan fynd â merlod mynydd i sioeau fel rhai Tregaron a Llangeitho. Doedd e na fi ddim yn cymryd y peth ormod o ddifrif. Roedd e'n fwy o hwyl nag o gystadlu, er i ni brofi cryn lwyddiant. Ond yr hwyl a'r cymdeithasu oedd y peth mawr. Helpu gyda'r paratoi fyddwn i.

Pan fu farw Dad fe wnes i roi'r gorau i sioeau. Doedd hynny ddim yn anodd gan mai mynychu sioeau fyddwn i yn hytrach na dangos. Wnes i ddim erioed roi cynnig ar redeg ceffylau. Y dyddiau hyn fe fyddai'n rhoi tipyn o help i Richard, un o feibion y diweddar Sam Penparc, a Gethin y mab. Er mai dim ond pedair ar ddeg oed yw Gethin, mae ef a'i dad wedi ail-gydio yn y ceffylau'n ddiweddar a fi fydd yn eu bwydo fore a nos. Mae tri mab Penparc yn mynd a llawer o'm hamser erbyn hyn. Roedd Daniel yn yr ysgol yr un flwyddyn â fi. Mae gan Richard ddiddordeb o'r newydd ers tua phum mlynedd mewn ceffylau. Ond does gan John, ar y llaw arall, fawr ddim diddordeb mewn ceffylau. Ef sydd â gofal y gwartheg a'r peiriannau.

Fel mae'n digwydd mae gan Gethin gryn ddiddordeb mewn defaid hefyd, ac fe fydd e, yn ei dro, yn rhoi help llaw i mi. Mae e'n cystadlu hefyd. Yn ystod haf 2011 fe enillodd y bencampwriaeth yn y Sioe Fawr yn Llanelwedd am ei ddafad Balwen. Ac fe gafodd Richard lwyddiant gyda'r gaseg Adran C. Fe enillodd y bedwaredd wobr hefyd yn y Sioe Geffylau Ryngwladol yn Llanelwedd.

Richard a Gethin, Penparc fu'n gyfrifol am i mi ail-gydio yn fy niddordeb yn y ceffylau. Roeddwn i wedi rhoi'r gorau i'w cadw nhw pan fu farw Dad. Yna, tuag ugain mlynedd yn ddiweddarach fe wnes i fynd gyda Gethin a'i dad, Richard i arwerthiant ceffylau yn Aberhonddu. Yn yr arwerthiant roedd caseg ar werth, Revel Harddwch. Roedd Richard a Gethin wedi penderfynu ei phrynu ond fe ddwedes i fy mod i'n benderfynol o'i chael hi fy hunan. A chwarae teg i'r ddau, fe ges i fy ffordd ac fe lwyddais i'w phrynu hi. Dyna oedd ail-gychwyn cadw merlod mynydd. Wedi hynny fe wnes i brynu dwy arall o'r fridfa wedi i'r perchennog farw yn 2000.

Ro'n i eisoes wedi ail-gydio yn y Shetland ar ôl bwlch o tuag ugain mlynedd. Drwy ddamwain y digwyddodd hynny hefyd. Mynd wnes i gyda ffrind, Huw Williams i chwilio am ferlen Shetland iddo fe. Fyny â ni i Aberdeen, ac yno fe wnaeth e brynu dau neu dri o geffylau o Fridfa Stranduff. Mae hi'n fridfa enwog yn Kincardine.

Y flwyddyn wedyn dyma benderfynu mynd allan i'r ynysoedd unwaith eto, ar ôl bwlch o flynyddoedd. Fe wnes i fynd gyda Hefin Thomas a'r teulu o Lanllwni. Fe fuon ni'n mynd yno bob blwyddyn am chwech neu saith mlynedd wedyn. Fe ddaeth yr ymweliad hwn am bedwar neu bump diwrnod yn wyliau blynyddol i mi. Roedden nhw'n hwyl i'w ryfeddu. Yr anhawster mawr yw'r croesi. Mae'n cymryd deuddeng awr i hwylio'r 230 milltir ar y fferi ac fe gawson ni ambell i fordaith arw iawn. Un flwyddyn, ar y ffordd nôl, ro'n i'n amau'n ddifrifol na wnaem ni gyrraedd glan.

Mae'r ynysoedd yn brydferth tu hwnt, er eu bod nhw braidd yn undonog. Yn wir, ar wahân i'r gwahanol fridfeydd, ychydig iawn o ddiddordeb fyddai gen i yn yr ynysoedd. Aros mewn gwesty yn Lerwick fydden ni, tref fwyaf gogleddol a dwyreiniol yr Alban. Tref fach o tua saith mil a

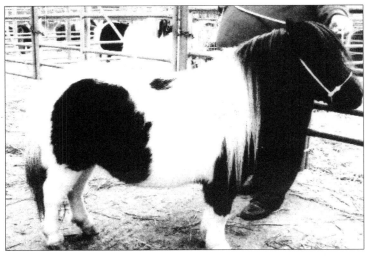

Fy merlen Shetland Tawela Appache Princess a ddenodd y pris uchaf o 3,000 gini yn yr arwerthiant yn Reading.

hanner o drigolion yw hi. Rwy wedi hedfan yno hefyd ac mae yna ddau faes awyr sy'n gwasanaethu'r ardal.

Mae yna arwerthiant ceffylau blynyddol yno, ond mae sôn nawr ei bod hi'n cael ei symud i'r tir mawr i Aberdeen. Pan gynhelir yr arwerthiant olaf, rwy wedi addo canu yno. Rywfodd neu'i gilydd maen nhw wedi dod i wybod fy mod i'n dipyn o ganwr.

Fe ddefnyddiwyd y merlod Shetland yn helaeth yn y bedwaredd ganrif ar bymtheg mewn pyllau glo i dynnu wagenni. Roedd Arglwydd Londonderry yn eu bridio ar ynysoedd Bressay a Ness ac yn eu defnyddio yn ei byllau glo yn Swydd Durham. Roedd y Frenhines Fictoria hefyd yn berchen ar nifer o barau. Heddiw maen nhw'n boblogaidd fel ceffylau sy'n ddelfrydol ar gyfer plant.

Bridfa enwog iawn ar Ynysoedd Shetland yw Bridfa'r Berry. Y perchnogion oedd Jim ac Eva Smith, pâr yn eu hwythdegau. Cyndyn iawn fydden nhw i werthu, ond erbyn hyn rwy wedi prynu pedwar o'u ceffylau. Rwy'n teimlo fod ceffylau Berry yn rhoi statws i'r rhai sydd gen i.

Y cyntaf i mi ei brynu ar gyfer yr ail gyfnod oedd un o Stranduff. Rwy wedi ymwneud llawer â pherchennog y fridfa, Liz Kennedy a'r teulu. Fe brynais i ddwy gaseg i ddechrau a hurio rhywun i ddod â nhw lawr. Fe ddaeth lori anifeiliaid â nhw lawr mor bell â Manceinion. Yna fe wnes i hurio rhyw fenyw o gyffiniau Penuwch i fynd fyny i'w cyrchu nhw o'r fan honno. Dyma hi'n cyrraedd, ar ôl teithio drwy'r nos, tua saith o'r gloch y bore. Allan â hi, ond fe wnes i sylwi fod yna fandej am ei braich. Roedd y ferlen, Nector of Brindister wedi ei chnoi. Fel arfer, pethe llywaeth iawn yw'r Shetland a ches i ddim trafferth o gwbl gyda hon wedyn.

Rhwng y ceffylau a'r defaid Torwen rwy'n cadw fy hun yn brysur. Yn ystod tymor y sioeau mae gen i rywbeth ar y gweill bob wythnos, a mwy nag unwaith yr wythnos yn aml. Dyna i chi sioeau Llanbed, Llanilar a Thregaron, sy'n dilyn ei gilydd ddechrau mis Awst. Unwaith mae rhywun yn paratoi creadur, man a man mynd ag e wedyn i'w ddangos. Ond dim ond yn lleol yn Llanbed wnes i'n bersonol ddangos creaduriaid yn 2011, sef dafad a hwrdd Torwen, ac yn wir ennill y bencampwriaeth.

Pan ddechreuodd Dad a finne eu cadw, roedd y brîd Torwen yn brin iawn. Petai ni'n gweld defaid Torwen mewn rhyw gae neu'i gilydd ar ei ffordd â fi i ambell eisteddfod fe fydde fe'n fy ngadael i ble bynnag fydde'r eisteddfod a mynd nôl i'w gweld nhw. Hen frîd o ddefaid Cymreig ydyn nhw, sy'n perthyn o bell i'r Soay a'r Moulton. Defaid duon neu frown tywyll ydyn nhw gyda bol gwyn a marciau gwyn uwch y llygaid. Oherwydd lliw'r wyneb maen nhw'n cael eu galw'n 'Badger Faced' yn Saesneg. Cred rhai eu bod nhw wedi datblygu o frîd o'r enw Idloes, ar ôl y sant o'r seithfed ganrif. Mae'r ddafad Torddu wedyn yn gwbl wrthgyferbyniol, fel y mae ffotograff a negatif. Yn y mannau lle mae'r naill yn ddu, mae'r llall yn wyn. Maen nhw'n medru byw ar dir digon garw ac yn dueddol o roi genedigaeth i ganran uchel o efeilliaid.

Ar un adeg roedd gwlân gwyn yn fwy gwerthfawr na gwlân du ac fe wnaeth pobl droi at fridio defaid gwlân gwyn

Y ddafad a enillodd y bencampwriaeth.

75

gyda'r canlyniad i'r defaid patrymog ymron iawn ddarfod o'r tir. Ond fe sefydlwyd cymdeithas i'w hachub nhw.

Un tro ar y ffordd i Eisteddfod Pontrhydfendigaid fe welodd 'Nhad a finne ddafad Torwen yng nghae fferm Brynmwyn. Fe aeth e â fi i'r rhagbrawf a mynd nôl i weld y ddafad. Ac yno fe wnaeth e daro bargen â gwraig y fferm i brynu dwy Dorwen. Yn ôl y wraig, Mrs James, roedd pobl yr ardal yn disgrifio'r Torwen fel Defaid y Mynachod. Ac mae'n debygol ei bod hi'n iawn. Y mynachod yn Ystrad Fflur wnaeth ddod â'r defaid cyntaf i'r ardal honno. Nhw, mae'n debyg, ddechreuodd gyflogi bugeiliaid a nhw wnaeth ddechrau marcio defaid ar eu cnu a thrwy dorri eu clustiau. Ac mae'r arbenigwyr yn ystyried y Torwen fel un o fridiau hynaf Cymru. Yn ôl Charles Arch, a anwyd ar fferm Ystrad Fflur, roedd y defaid a brynodd 'Nhad ym Mrynmwyn wedi dod o dyddyn cyfagos Blaen-gorffen, ac wedi bod ym meddiant rywbryd hen gymeriad o'r enw John Rees Jones, Gwndwn-gwinau a oedd yn ymhyfrydu mewn cadw traddodiad. Felly mae fy nefaid i yn debygol o fod â llinach sy'n ymestyn yn ôl i oes Abaty Ystrad Fflur.

Roedden ni'n cadw dwy fuwch hefyd. Nid i'w godro ond er mwyn magu lloi. Rwy'n cofio Dad yn cadw tuag ugain o ddefaid ar un adeg. I ddechrau, defaid Jacob oedd e'n gadw. Pam? Er mwyn bod yn wahanol, hwyrach. Fe aeth Dad a Cerdin, ei ffrind fyny i Ffair y Borth yn Sir Fôn unwaith i weld ceffylau'n benodol. Ond dyma nhw'n clywed defaid yn brefu. Mewn lori gyfagos fe welson nhw ddeg o ddefaid Jacob. Roedd y defaid wedi eu prynu o ryw stad yn Lloegr oedd wedi cau. A dyma Dad yn eu prynu a dod â nhw nôl i Silian. Yna, ymhen ychydig dyma fe'n teimlo nad oedden nhw'n addas ar gyfer lle fel Silian ac fe'i gwerthodd nhw.

Y rheswm dros ei benderfyniad oedd bod angen gwell tir arnyn nhw na'r tir oedd gyda ni. A dyma 'Nhad yn gweld y Torddu a'r Torwen. Ac yma eto rwy'n teimlo fy mod i'n wahanol i blant eraill. Tra byddai bechgyn eraill yn cael rhoddion fel car newydd ar eu pen-blwydd, fe gawn i hwrdd a dwy ddafad Torwen. Ac mae'r cyfan wedyn wedi disgyn o'r rheiny. Roedd yn well gen i o lawer gael y rheiny na char. Doedd gen i ddim diddordeb mewn gyrru. Yn wir, pâr o ddefaid Torwen gefais i gan fy rhieni'n bresant pen-blwydd yn ddeunaw oed.

Roedd rhai blynyddoedd wedi mynd wedi marw Dad cyn i mi fentro i ddangos defaid yn Sioe Fawr Llanelwedd. Y rheswm wnes i fynd yno'n bennaf oedd oherwydd y sbri oedd pawb yn ei gael yno. Tua dwy flynedd cyn hynny ro'n i wedi gwerthu hwrdd i fenyw oedd wedi mynd ymlaen i ennill yn Llanelwedd. Roedd hynny hefyd yn ysgogiad i gystadlu. Felly dyma fynd â dwy ddafad a hwrdd yno.

Ro'n i'n lletya mewn carafán ac yn canu mewn cyngerdd ar y nos Sul yn Llanelwedd. Roedd rhent y garafán wedi ei dalu gan drefnwyr y cyngerdd felly roedd y costau wedi eu clirio eisoes. Roedd Adrian, ffrind i mi'n helpu gyda'r defaid. Roedd y gystadleuaeth y bore wedyn. Ar ôl canu, nôl yn y garafán, ro'n i'n rhy nerfus i gysgu. Fe godais i tua hanner awr wedi pedwar i weld os oedd y defaid yn iawn. A dyma ergyd. Roedd y ddafad orau ag un o'i choesau ôl yn sownd yn y ffens oedd yn ffurfio'r lloc. Fedrwn i ddim credu'r peth.

Fe dynnais i goes y ddafad yn rhydd ond roedd hi'n gloff. Ofnwn nad oedd modd i mi ei dangos hi. Ac wrth i mi dendio'r ddafad gloff fe ddihangodd yr hwrdd. Pan ffeindies i e roedd e'n pori'n braf yn y prif gylch.

Trwy ryw ryfedd wyrth fe wellodd y ddafad mewn pryd. Yn wir, fe ges i'r wobr gyntaf amdani. Fe wnes i fynd ymlaen i ennill y wobr am ddefaid Torwen dair blynedd yn olynol. Ac yn y drydedd flwyddyn fe wnes i ennill y wobr am y ddafad orau yn y brîd Torddu a Thorwen ac ennill gwobr y bencampwraig wrth gefn. Ac o wneud hynny fe wnes i roi'r gorau i ddangos yn Llanelwedd. Un felly ydw i, boed mewn

*Munud fawr ar Faes Llanelwedd. Ennill y brif wobr gyda'r Ddafad
Torwen a'r Tywysog Phillip yn fy llongyfarch.*

sioe amaethyddol neu eisteddfod. O gyrraedd rhyw
uchelfan, does dim pwrpas parhau i gystadlu. Ro'n i'n
ddigon hapus i wneud hynny. Dwi ddim yn credu mewn
gwthio fy lwc ormod.

Mae yna reswm arall hefyd am i mi roi'r gorau i ddangos.
Mae llawer o waith paratoi. Yn achos fy nefaid i roedd gofyn
eu cneifio adeg y Nadolig heb sôn am yr holl ofal wedyn
rhwng hynny a thymor y sioeau.

Helpu gyda defaid Gethin Penparc fydda i nawr. Yn
2011 fe aeth ei dad a finne – roedd Gethin i ffwrdd yn
Ffrainc gyda'r ysgol – i Sioe Aberystwyth lle gwnaethon ni
ennill dwy wobr gyntaf. Enw un ohonyn nhw, gyda llaw,
oedd Lady Gaga ac fe enillodd hi Bencampwriaeth Defaid
Benyw yn Llanelwedd. Dim pawb all ddweud iddyn nhw
fynd i sioe amaethyddol gyda Lady Gaga! Ond fi gafodd y
fraint o fynd â hi i Sioe Llanbed, yn absenoldeb Richard a
Gethin.

Fe fues i hefyd yn cadw ieir ond wnes i roi'r gorau i'w cadw ychydig flynyddoedd wedi i Mam a finne symud i Lanbed. Am flynyddoedd fe fuon ni'n cadw *Barbu d'Anvers*, math ar Belgian Bantams. Roedd yna dri ohonon ni yng Nghymru yn eu bridio ac fe aethon ni allan i sioe ieir anferth yn yr Iseldiroedd. Siôn Alun oedd wedi trefnu'r ymweliad ac fe wydden ni cyn mynd y byddai'n rhaid cael trwydded i ddod â rhai nôl gyda ni. Fe ddaethon ni'n ôl â llawer mwy o ieir nag oedden ni fod i'w wneud. Roedden ni wedi hurio cerbyd mawr gyriant pedair olwyn i ddod â nhw nôl mewn bocsys yn y cefn. Roedd y

Cael y fraint o feirniadu yn Adran y Defaid Torwen a Thorddu yn y Sioe Fawr yn Llanelwedd.

drewdod ar y ffordd adre'n annioddefol. Fe wnes i fagu'r rhain am flynyddoedd, llond tua chwe sied ohonyn nhw nôl yn Silian.

Y rheswm pam fu'n rhaid i mi roi'r gorau i gadw ieir oedd y ffaith nad oedden ni'n byw yno. Gyda defaid neu geffylau roedd modd, ar dywydd eira a rhew adael gwair neu borthiant arall iddyn nhw. Ond gydag ieir roedd yn rhaid bod gyda nhw, a thoddi'r dŵr ar eu cyfer sawl gwaith y dydd. Maen nhw'n mynnu dŵr yn rheolaidd. Fedrwn i ddim rhoi digon o ofal iddyn nhw, felly yr unig ddewis oedd rhoi'r gorau i gadw ieir.

Taro'r Nodyn Uchaf

Ro'n i wedi ennill yr unawd tenor yn y Genedlaethol bum gwaith. Ro'n i hefyd wedi ennill yr unawd tenor ddwywaith yn olynol yn Llangollen cyn yr hyn ydw i'n ei ystyried fel fy moment fawr ar lwyfan. Yr uchafbwynt hwnnw fu ennill gwobr Canwr y Flwyddyn yn Llangollen.

Ar ôl y ddau lwyddiant cyntaf yn yr unawd tenor yno, ro'n i wedi derbyn, bron, na wnawn i byth ennill gwobr Canwr y Flwyddyn. Yn Llangollen mae'n golygu canu yn y rhagbrawf ar y dydd Iau. Byddai cael llwyfan yn golygu bod ar y llwyfan fore dydd Gwener yn eich llais penodol ac yna, o gael mynd ymhellach yn golygu perfformio ar lwyfan Neuadd y Dref yn erbyn y tri llais arall. Wedyn byddai'r ddau orau o'r pedwar yn mynd ymlaen i gystadlu ar lwyfan yr eisteddfod nos Wener ar gyfer dewis y *Princeps Cantorium.*

Y flwyddyn wnes i ennill, 1991, ro'n i'n cystadlu yn erbyn cantores o Rwsia. Roedd hi'n wirioneddol wych. Ond yn amlwg roedd y beirniaid wedi hoffi fy llais yn fwy na hi. I mi, lwc oedd hyn. Gallai'r dyfarniad fod wedi mynd i'r naill neu'r llall ohonon ni a phetai e wedi mynd iddi hi, fyddwn i ddim wedi cwyno.

Gyda mi yn Llangollen roedd Mam, yn ogystal â'r ddau oedd yn fy hyfforddi erbyn hynny, Ken a Christine Reynolds o Lanfarian. Fe fu farw gwraig Gerald Davies ac fe symudodd e lawr i Abercarn. Ef wnaeth argymell Ken a Christine Reynolds. Fe wyddwn i amdanyn nhw gan mai nhw oedd yn hyfforddi Delyth Hopcyn Evans ac Eirwen Hughes. Gogleddwr oedd Ken a oedd wedi bod yn canu yn Ne Affrica. Fe fuodd y ddau wedyn yn dysgu yn y Coleg yn Aberystwyth. Baritôn bâs oedd e, a hi'n cyfeilio. Un o'r rhai

Adroddiad papur newydd am Langollen 1984 gyda Philip Lloyd-Evans yn ennill, fi yn ail a Bryn Terfel yn drydydd. Yna, yn y llun gwaelod dod yn un o'r tri gorau unwaith eto.

Cyrraedd rownd derfynol canwr y flwyddyn yn Llangollen pan enillodd Philip Lloyd-Evans a'r ymateb i'r gystadleuaeth yn y wasg.

Derbyn fy ngwobr ar lwyfan Llangollen ...

... a chael fy llongyfarch gan fy ffan mawr, Ray Gravell.

cyntaf i'm llongyfarch ar y Maes oedd Ray Gravell, un o'm ffans mwyaf.

Wedi i mi ennill fe fu yna ddathlu mawr. Yn wir, roedd e'n fwy o ryddhad na dathlu buddugoliaeth. Roedd Llangollen yn wahanol i'r Genedlaethol, roedd wynebau newydd yn dod o hyd, nid yn unig ymhlith y cystadleuwyr ond hefyd ymhlith y beirniaid, a'r rheiny hefyd yn dod o wledydd gwahanol. Yn ystod yr holl flynyddoedd y bues i'n cystadlu am wobr y *Princeps Cantorium* yno wnaeth neb ennill fwy nag unwaith. Mae hynny'n dweud cyfrolau am y safon. Yn wobr fe ges i blât efydd yn dwyn logo'r Eisteddfod Ryngwladol a'r cwpled enwog:

Byd gwyn yw byd a gano,
Gwaraidd fydd ei gerddi fo.

Y flwyddyn cynt ro'n i wedi perfformio 'Waft her angels through the sky' aria fawr Handel. Fe ges i dderbyniad gwych gan y gynulleidfa. Yn wir, fe fuon nhw'n cymeradwyo ar eu traed am rai munudau yn gweiddi a stampio'u traed. Roedd hyd yn oed y tri chystadleuydd arall yn cymeradwyo. Ond yr hyn na wnes i ei sylweddoli oedd fy mod i wedi mynd dros yr amser penodedig. Twpdra ar fy rhan i oedd hyn. Doedd dim terfyn amser yn y bore ond roedd yna reol y noson honno. Mae 'Waft her Angels' yn gân fawr sy'n para ymron wyth munud. Ac roedd gen i gân arall i'w chanu hefyd. A do, fe dorrais i'r rheol amser. Dyma, rwy'n teimlo, fu fy mherfformiad gorau erioed. Ac rwy'n meddwl o hyd y byddwn i wedi ennill oni bai i mi dorri'r rheol amser.

Yn un peth ro'n i'n hoffi'r gân. Mae hi'n bert iawn. Aria yw hi o'r oratorio dair act 'Jeptha', y libreto gan Thomas Morrell. Mae'r stori wedi ei seilio ar yr unfed bennod ar ddeg o Lyfr Barnwyr, lle mae Jeptha yn arwain byddin yn erbyn meibion Ammon. Mae Jeptha yn taro bargen â Duw.

Fe gaiff e gymorth Duw i orchfygi'r gelyn ar yr amod ei fod e, ar ôl dychwelyd adre, yn aberthu'r person cyntaf a ddaw i'w olwg. Yn anffodus, y gyntaf iddo ei gweld yw ei ferch Iphis, er nad yw hi'n cael ei henwi yn y Beibl. 'A Jeptha a ddaeth i Mispha i'w dŷ ei hun: ac wele ei ferch yn dyfod allan i'w gyfarfod â thympanau, ac â dawnsiau: a hi oedd ei unig etifedd ef: nid oedd ganddo na mab na merch ond y hi. A phan welodd efe hi, efe a rwygodd ei ddillad ac a ddywedodd, "A, fy merch! Gan ddarostwng y darostyngaist fi: ti hefyd wyt un o'r rhai sydd yn fy molestu: canys myfi a agorais fy ngenau wrth yr Arglwydd ac ni allaf gilio".' Ond yn wahanol i'r Beibl, yn 'Jeptha' mae angel yn ymyrryd a chaiff Iphis ei harbed.

Fe berfformiwyd yr oratorio gyntaf yng ngwledydd Prydain yn Covent Garden ar 26 Chwefror, 1752 gyda John Beard, Guilia Frasi a Caterina Galli yn brif leisiau. Handel ei hun oedd yn arwain. Cân arall o'r oratorio yw 'Deeper and deeper still', sef resitatif. Ac er eu bod nhw'n digwydd mewn adrannau cwbl wahanol o'r oratorio mae'r ddwy'n cael eu canu'n aml yn syth ar ôl ei gilydd gyda'r resitatif yn gyntaf.

Mae yna dristwch mawr personol i Handel yn yr oratorio hon. 'Jeptha' fyddai ei oratorio olaf gan ei fod e'n mynd yn ddall. Ar ei gopi gwreiddiol o'r gwaith, gyferbyn â'r gân 'How dark, O Lord, thy decrees' fe nododd yn ei lawysgrif ei hun: '13 Tachwedd, 1751, methu parhau oherwydd gwanio golwg fy llygad chwith.'

Nid 'Waft her angels' yw'r unig gân hir i mi ei pherfformio. Fe wnes i unwaith yn y Genedlaethol ym Mhorthmadog ganu 'Rhowch i mi nerth', cyfieithiad o 'Grant me your aid', sy'n para dros ddeng munud. Fi wnaeth ennill gyda Washington James yn ail. Rwy'n cofio'r beirniad, Kenneth Bowen yn dweud fod y gân yn fwy addas i Washington nag i mi gan fod ei lais ef yn fwy dramatig. Ond roedd e'n teimlo fy mod i wedi lliwio'r darn yn dda. Yno eto fe wnaeth y gynulleidfa gymeradwyo am bum i chwe munud. Hwnnw oedd yr unig dro i mi gystadlu ar yr unawd tenor agored.

Fe wnes i fynd ymlaen wedyn i gystadlu am y Rhuban Glas yn erbyn Tom Gwanas, Delyth Hopcyn Evans ac Alun Jones. Fe fu honno'n flwyddyn dda iawn ac Alun Jones wnaeth ennill. Wnes i erioed ennill y Rhuban Glas agored ond fe wnes i ennill y Rhuban Glas dan bump ar hugain. Roedd yna lawer o ferched da yn canu'r adeg honno a'r rheiny, fel arfer, fyddai'n mynd â'r gwobrau. Ond dyw'r ffaith i mi beidio ag ennill y brif wobr agored ddim yn fy mhoeni mewn unrhyw ffordd.

Mae llawer yn holi p'un ai Llangollen neu'r Genedlaethol sydd orau gen i. Rhaid i mi ddweud Llangollen. Nid am mai yno wnes i ennill fy ngwobr fwyaf ond am nad oes wybod yno pwy fydd yn cystadlu yn eich erbyn. Un tro rwy'n cofio wyth a deugain yn cystadlu a'r trefnwyr yn gorfod cynnal dau ragbrawf yr un pryd. Y tro hwnnw fe ddes i'n ail a Bryn Terfel yn drydydd. Yn y Genedlaethol, ar y llaw arall, fe fyddai gen i syniad da bob tro pwy fyddai fy mhrif gyd-gystadleuwyr.

O ran fy hoff gyd-gystadleuwyr rhaid fyddai enwi eto Washington James. Lavinia Thomas wedyn. Dyna i chi Odette Jones o Lanafan hefyd a Meinir Jones Williams, sydd bron iawn o'r un ardal â fi. Fe wnes i a nhw ennill yn ein tro yn ymron bob eisteddfod oedd yn rhan o'n cylch cystadlu. Fe fyddai ennill yn Llanbed yn rhoi pleser arbennig. Mae'n braf cael ennill adre. Rwy'n cofio ennill yr unawd 16 – 21 nôl yn 1980. Yno, ar yr her unawd, fe ddes i'n ail deirgwaith cyn llwyddo yn 1990 i ennill y wobr gyntaf. Bryd hynny yn yr eisteddfodau mwy fel y Bont, Aberteifi a Llanbed fe fyddai rhwng deg ar hugain a deugain yn cystadlu ar yr her unawd. Yn wir, fe fyddai dod i'r llwyfan yn gamp.

Sefydlwyd Eisteddfod Llanbed yn 1967 fel un o dair o

85

Eisteddfodau Pantyfedwen a'i henwi yn Eisteddfod Rhys Thomas James, brawd y cymwynaswr Syr David James. Roedd gwobrau gwerth £2,800 i ddod yn flynyddol o Ymddiriedolaeth Catherine a Lady Grace James, mam a phriod Syr David. Roedd hyn yn arian mawr, wrth gwrs, gyda gwobrau cyntaf o gymaint ag ugain punt yn mynd i blant.

Daeth perfformio mewn priodasau'n rhan o'm bywyd.

Yn yr eisteddfod gyntaf honno, un o'r beirniaid cerdd oedd Kenneth Bowen. Enillwyd yr her unawd dros 25 gan Alma Evans, Birmingham, yr ail gan Washington James a'r trydydd gan Ifan Lloyd. A dyma'r eisteddfod a welodd wobrwyo geiriau Pantyfedwen, emyn godidog Rhys Nicholas a enillodd iddo wobr o £300. Y flwyddyn wedyn gwobrwywyd Eddie Evans am ei emyn-dôn ar gyfer y geiriau. Y flwyddyn honno hefyd daeth Ifan Lloyd yn gyntaf ar yr her unawd.

Yn dilyn llwyddiannau eisteddfodol daeth mwy a mwy o alwadau i mi berfformio mewn cyngherddau. Roedd hyn yn golygu llawer o drefnu. Roedd gan rai cantorion asiant, ond chefais i ddim fy nhemtio i wneud hynny. Roedd Mam yn ddigon abl i drefnu pethe. Ac fe fyddai asiant, wrth gwrs, yn codi tâl am y gwaith. Fel Cardi i'r carn, fyddai hynny ddim yn gwneud o gwbl!

Am tua thair blynedd fe fyddwn i'n mynd i gyngherddau bron iawn bob penwythnos. Gogledd, de a'r canolbarth, bob man. Byddai galwadau hefyd i mi ganu mewn cymanfaoedd ac mewn priodasau. A Mam fyddai'n delio â phawb. Rhaid i mi gyfaddef, dwi ddim yn un da cyn belled ag y mae'r ffôn yn y cwestiwn. Mae siarad dros y ffôn braidd yn ddienaid. Mae'n well gen i siarad â phobl wyneb yn wyneb.

Wedi i Mam farw dwi ddim wedi perfformio o gwbl, ar wahân i ganu mewn ambell briodas a recordio cryno ddisg. Ond nawr rwy'n teimlo y gwna i ail-gydio mewn pethe. Nid mewn cystadlu. Mae hynny wedi gorffen. Ar y dechrau, wedi i mi roi'r gorau iddi, wnes i ddim gweld eisiau canu. Ond nawr rwy'n teimlo fy mod i'n colli rhywbeth. Nid colli'r cyngherddau eu hunain ydw i ond colli'r cymdeithasu, y sgwrsio â hwn a hwn neu hon a hon. Fel arfer bydd rhywun fel fi mewn cyngerdd am tua thair awr a hanner ond heb fod ar y llwyfan ond prin chwarter awr. Mae tua thair awr a chwarter felly'n mynd mewn siarad â phobl a sgwrs dros baned. Ac er nad oedd y peth yn fwriadol, mae'r ffaith i mi gadw diddordeb mewn creaduriaid yn fath o deyrnged i Dad a'r cadw diddordeb mewn canu yn deyrnged i Mam. Nid bod y ddau beth yn fwriadol. Cyd-ddigwyddiadau ydyn nhw, ond cyd-ddigwyddiadau hapus.

Nawr rwy'n teimlo y gwna i o leiaf ail-gydio mewn

cyngherddau. Mae rhywun ar lwyfan cyngerdd fel petai e mewn byd gwahanol. Mae'r wisg yn ychwanegu at hynny. Rhyw ymgolli am chwarter awr mewn byd o ffantasi. A dydi pwysau cystadlu ddim ar ysgwyddau rhywun.

Fe fydd pobl yn gofyn i mi pwy yw fy arwyr personol yn y byd cerddorol. Er bod John McCormack yno, a Joseph Locke, mae'n rhaid i mi osod ar y brig Luciano Pavarotti. Ac er bod ganddo lais cwbl wahanol, ac er ei fod e'n canu caneuon hollol wahanol, Stuart Burrows. Hwyrach mai Stuart oedd fy arwr cyntaf. Fe fyddai Mam a Dad yn gwrando ar recordiau Ritchie Thomas. Hwnnw oedd ffefryn yr aelwyd. A David Lloyd, wrth gwrs. Ond Stuart i mi oedd y mwyaf o'r Cymry.

Mae rhywun fel McCormack, wrth gwrs, yn fath gwahanol o ganwr. Roedd hwnnw'n cael ei addoli fel y sêr pop heddiw. A Joseph Locke wedyn. Mae amryw wedi cymharu fy llais ag un Locke. Roedd ganddo fe lais naturiol, pert. Ac roedd e'n chwedl yn ei fywyd. Yn un o naw o blant i arwerthwr gwartheg a chigydd o Derry, fe dwyllodd ei oedran er mwyn ymuno â'r fyddin ac yna fe fu'n blismon. Yna trodd at ganu opera ac fe newidiodd ei enw o Joseph McLaughlin i Joseph Locke. Fe'i cynghorwyd gan John McCormack i droi at ganeuon mwy ysgafn. Daeth yn enwog mewn sioeau yn Lloegr gyda chaneuon fel 'Santa Lucia' a 'Come Back to Sorrento' ynghyd ag operetas fel 'The Drinking Song', 'My Heart and I' a 'Goodbye'. Daeth caneuon Gwyddelig fel 'I'll Take You Home Again, Kathleen', 'The Isle of Innisfree' a 'Galway Bay' yn glasuron. Yna fe ddihangodd nôl i Iwerddon rhag swyddogion y Dreth Incwm yn Lloegr. Fe fu farw yn 1990 yn 82 mlwydd oed. Mae yna lawer sydd wedi fy annog i ganu mwy o ganeuon Joseph Locke.

Canwr naturiol oedd Locke. Felly finne hefyd. Fedrwch chi ddim dysgu neb i ganu. Mae'n rhaid bod yna rywbeth i ddechrau, rhyw hedyn bach sy'n araf egino, hwyrach. Yn ganolog mae'r ddawn i naill ai wneud i rywun i grio neu i wenu. Gwaith yr hyfforddwr yw meithrin yr hyn sydd yno eisoes, bwydo a dyfrio'r hedyn. A phan mae rhywun mewn cyngerdd yn medru cael y gynulleidfa i ymateb drwy grio neu wenu, wel, ry'ch chi wedi cyflawni rhywbeth wedyn. Roedd y ddawn honno gan gantorion fel McCormack a Joseph Locke. Pwy a ŵyr sut fydden nhw ar lwyfan eisteddfod? Mae personoliaeth yn bwysig. Mae presenoldeb yn bwysig. Cyfunwch y ddau ac mae ganddoch chi rywbeth. Pethe felna sy'n gwahaniaethu rhwng rhywun sy'n medru canu'n neis a rhywun sy'n canu'n well.

Mae canu wedi bod yn dda i mi. Rwy wedi gweld y byd o'r herwydd. Mewn byd canu'n bennaf, a byd bridio a dangos anifeiliaid, rwy wedi gwneud y rhan fwyaf o ffrindiau. Dyna fu mywyd i.

Teithiwr anfodlon ydw i ond mae'r ddau faes wedi mynd â fi ymhell yn ddaearyddol, yr Alban a rhai o wledydd Ewrop o ran diddordeb mewn creaduriaid. Hanner y ffordd ar draws y byd i Awstralia, Hong Kong ac America o ran y canu. Fe aeth Annette Bryn Parry a fi i Hong Kong ar gyfer cyngerdd Gŵyl Ddewi yn 1998. Fe gawson ni sbri fawr yn ystod y pythefnos fuon ni yno. Fe gawson ni drafferthion. Ond dyna hanner yr hwyl. Fe gollon ni'r cysylltiad awyren a gorfod treulio'r nos yn Amsterdam. Roedd ein bagiau personol ni yn cynnwys ein dillad wedi mynd yn eu blaen. Felly dyma ni'n cael bag bach yr un gan y cwmni hedfan. Dyma sut wnaeth Annette ddisgrifio'r digwyddiad yn ei hunangofiant:

'Be sy yn y bag 'ma,' medda finnau, gan ei agor. Crib, sebon, brws dannedd a phâst, a be oedd hwn yng ngwaelod y bag? Ie, myn diân i, nicyr papur! Dechreuodd y ddau ohonon ni weld yr ochr ddigri i bethau. Be oedd ym mag Timothy, tybed? Yr un petha'n union, ond iddo fo, roeddan nhw wedi pacio trôns papur bach tila, efo twll yn y canol. Ac meddai Timothy wrth godi'r trôns papur i fyny a syllu arno'n fanwl yn awyr y nos, 'Annette fech, wnaiff hwn ddim ffitio 'ngho's i, nefyr meind 'y mhen-ôl i!'

Yn sydyn roeddwn i mewn sterics o chwerthin. Dagrau mawr yn rholio lawr fy mochau. Mae'n siŵr fod pobl yn edrych yn syn arnon ni, dyn a dynes yn eu hoed a'u hamser yn chwerthin yn wirion yn fan'no ar fainc yn Amsterdam, yng nghanol y niwl.

Fel rhan o'r dathliadau yn Hong Kong roedd dawns fawreddog yng Ngwesty'r Excelsior yn yr harbwr lle gwnes i ganu gyda Chôr Meibion Cymreig Hong Kong. Ymhlith y gwahanol seremonïau roedd y ddefod o fwyta cennin. Yn y cinio roedd y fwydlen yn werth ei darllen, yn cynnwys ffiled o diwna ffres, cawl pwmpen, salad Cesar, sorbed leim gyda fodca, tynerlwyn eidion, teisen gyffug siocled, cawsiau Cymreig a choffi. Dyna'i chi wledd!

Bryd arall fe es i mâs i Awstralia gydag Annette a'i theulu. Sbri'r tro hwn eto. Ac unwaith eto gwneud cysylltiad â dysgwraig ar gwrs Wlpan yn Llanbed fu'n gyfrifol am y cyfan. Roedd Kath Fullmore Davies, merch o Awstralia yno. A thrwyddi hi yr aethon ni allan at Gymdeithas Gymraeg Brisbane. Roedd gan Kath gwrci o'r enw Bedwyr. Roedden ni'n chwech yn y parti, ac Annette fyddai'n gwneud y golchi dros y cyfan ohonon ni. Fe fu'n rhaid i mi ddweud wrthi unwaith: 'Paid â rhoi fy mhants i ar y lein rhag ofan i bobl Awstralia feddwl fod yna eclips ar yr haul!'

Fe wnes i berfformio yma ac acw yn Brisbane, yn cynnwys canu gyda chôr Cymraeg yno. Côr Brisbane oedd e mewn gwirionedd ond eu bod nhw'n canu rhai caneuon Cymraeg. Nid nepell o Brisbane mae tref fechan Ipswich, ac

Gearing up for the Urdd Eisteddfod

Urdd fund-raising begins ... Eisteddfod chairman the Rev Goronwy Evans (left) and well-known tenor Timoth Evans help out as Lampeter children revive the old tradition of singing 'calennig' (greetings) from door to door o New Year's Day
Picture: TIM JONE

LAMPETER is already gearing up to play host to the Urdd National Eisteddfod – even though the event will not be staged there until 1999.

Billed as Europe's Biggest Moving Youth Festival, the event will have more people taking part than the Olympic Games.

Eisteddfod chairman Goronwy

kind of event," said Mr Evans.

"The children take part, but the whole community can join in to raise money and support.

"The Urdd Eisteddfod is one of the wonders of modern Wales and there is a place for everyone in the preparations."

The 1999 Eisteddfod area includes towns and villages from

it is to the Lampeter venue.

Communities often go well beyond their appeal target and there is often fierce but friendly rivalry.

"For people who have never been to an Urdd National Eisteddfod, this is a wonderful opportunity," said Mr Evans, who was a young helper when the

*Adroddiad a llun papur newydd ar y paratoadau ar gyfer
Prifwyl yr Urdd yn y dref.*

yno fe wnaethon ni berfformio mewn pedwar cyngerdd, a'r tocynnau wedi gwerthu allan yn llwyr. Mae gan y lle gysylltiad â Chymru, diolch i Lewis Thomas o Geredigion, a ymfudodd yno i agor gwaith glo. Mae parc yno o'r enw Brynhyfryd.

Wedyn fe wnaethon ni hedfan o Brisbane i aros gyda pherthnasau i Annette yn Sydney, ac yna hedfan o Sydney nôl i Brisbane ar gyfer mwy o gyngherddau. Fe wnaethon ni dreulio ymron dair wythnos yn Awstralia. Ar y ffordd nôl fe wnaethon dorri'r siwrnai yn Singapore. Ar y ffordd adre fe wnes i benderfyniad na wnawn i byth eto hedfan mor bell.

Ail godi yr hen arferiad

Rhai of blant yr Urdd Calan, gyda'r arian i gyd yn cadeirydd yr pwyllgor roedd y tenor enwog o Llambed yn ail godi yr hen mynd tuag Eisteddfod yr gwaith, y Parch. Goronwy Llambed, Timothy Evans. arferiad o hel calennig o Urdd 1999 yn Llambed. Evans, yn y Stryd Newydd. Llun: Tim Jones ddrws i ddrws ar fore Dydd Gwelir y plant wrth dddrws Yn cynorthwo gyda'r canu Llangeitho.

Y wasg yn rhoi sylw i fy rhan yn adfer yr arfer o hel calennig
gydag Aelwyd yr Urdd yn Llanbed.

Yn ffodus dwi ddim yn hedfanwr gwael. Rwy'n un o'r rheiny sy'n credu mewn ffawd. Os awn ni lawr, fe awn ni lawr. A dyna fe. Does dim fedra i na neb arall ei wneud yn ei gylch. Ar y llaw arall fyddwn i ddim yn hapus i fynd ar fordaith. Mae amryw o gantorion dwi'n adnabod wedi bod yn canu ar fordeithiau. Ond fyddwn i ddim yn hapus bod yn yr un lle am ddyddiau bwy'i gilydd.

Rwy wedi bod draw yn America ddwywaith. Un tro fe es i draw gyda Chôr y Brythoniaid fel unawdydd gydag Alun Jones i Washington a Philadelphia. Mae mynd gyda chôr yn medru bod yn hwyl. Wrth gwrs, fe fedran nhw fforddio sefyll lawr yn hwyr yn cael sbort.

Y tro cynta fe es i draw Oak Hill, Ohio lle mae yna nifer o ddisgynyddion i Gymry a ymfudodd o Sir Aberteifi. Yno fe wnaethon ni berfformio yn Amgueddfa Treftadaeth Cymry

America. Y trefnydd oedd Evan Davies, gŵr i ferch o ardal Aberaeron. Roedd rhai o'i theulu hi, Bet Davies yno gyda ni. Cyngerdd coffa oedd yno i weinidog o Gymro. Doeddwn i erioed wedi hedfan bryd hynny, a dyma fi nawr yn hedfan yr holl ffordd i America. Mam oedd wedi cael y neges, a hi hefyd oedd wedi derbyn y trefniadau. Roedden ni fod newid awyren yn maes awyr O'Hare yn Chicago. I Mam, wrth gwrs, doedd hynny ddim yn golygu mwy na newid stesion ar gyfer newid trên. Doedd hi na fi ddim yn sylweddoli y byddwn i'n newid awyren ym maes awyr prysura'r byd.

Fe wnes i aros gydag Evan am bythefnos. Roedd e'n ddisgynnydd i'r ymfudwyr cynnar. Fe adawodd chwe theulu o ardal Cilcennin yn 1818 o dan arweiniad John Jones, Tirbach, tafarnwr y Ship ym Mhennant am Lerpwl. Yno bu'n rhaid iddyn nhw aros mis cyn cael llong. Fe wnaethon nhw hwylio mewn storm enbyd a bu farw un ferch fach chwech oed. Fe gymerodd y fordaith saith wythnos a chwe diwrnod iddyn nhw. Fe wnaethon nhw lanio yn Chesapeake Bay, Baltimore a theithio mewn wagenni ac i lawr afon Ohio mewn cychod gan ymsefydlu yn ardal Gallipolis, gan brynu tir am ddoler a chwarter yr erw. Erbyn canol y bedwaredd ganrif ar bymtheg roedd i fyny at bedair mil o Gardis wedi ymsefydlu mewn canolfannau ag enwau fel Ty'n Rhos, Moriah, Nebo, Centerville, Peniel, Oak Hill a Horeb. Fe aeth Evan Davies â fi o gwmpas yr ardal i weld y mannau hanesyddol lle'r ymsefydlodd y Cardis mentrus gan alw yn yr ysgolion i siarad â'r plant.

Un bai oedd ar y teithiau yma. Fedrwn i ddim ymlacio nes byddai'r perfformiadau drosodd. Oeddent, roedd aelodau corau'n medru mwynhau eu hunain hyd oriau mân y bore. Ond roedd e'n fater arall i unawdwyr. Gall aelod o gôr guddio. All unawdydd ddim.

Rwy wedi bod yn ffodus iawn gan fod y tair cyfeilyddes fu gen i hefyd yn ffrindiau mawr i mi. Roedd y gyntaf, Susan

*Gyda Rhiannon Lewis, sydd wedi cyfeilio llawer i fi, a Delyth
Hopcyn Evans, cystadleuydd peryglus.*

wrth gwrs yn gyfnither i mi. Y ddwy arall oedd Annette, pan
fyddwn i'n canu yn y gogledd, a Rhiannon Lewis o Lanbed,
sy'n athrawes gerdd ers blynyddoedd yn Ysgol Tregaron. Fe
gafodd Susan swydd dysgu Cerddoriaeth a Chymraeg ym
Mhorthcawl, felly fe aeth hi'n anodd iddi barhau i gyfeilio i
mi. Roedd y ffaith fy mod innau'n cael mwy a mwy o
alwadau'n ei gwneud hi'n fwy anodd byth.

Rhiannon oedd y nesaf. Ro'wn i yn yr ysgol gyda hi.
Roedd hi'n gwneud llawer iawn o waith gyda'r Urdd yn lleol.
Fe wnaeth y ddau ohonon ni deithio llawer gyda'n gilydd.
Dim ond unwaith wnes i gystadlu erioed yn Eisteddfod yr
Urdd. Ymateb y beirniad oedd bod fy ngwallt i ormod yn fy
llygaid ac y dylwn i gael clip i'w ddal yn ei le. Fyddai dim

angen hynny heddiw! Pan ddaeth Prifwyl yr Urdd i Lanbed yn 1999 ro'n i'n teimlo'n falch iawn cael fy newis yn un o Lywyddion y Dydd.

Fel oedd y teithiau canu'n pellhau, a finne'n mynd fwyfwy fyny i'r gogledd fe ddaeth Annette i'r adwy. Fel mae'n digwydd mae'r tair cyfeilyddes yn ffrindiau mawr. Maen nhw wedi bod yn fwy na chyfeilyddion, maen nhw wedi gofalu amdana i.

Yr unawdydd fydd yn cael y sylw ar lwyfan, wrth gwrs. Ond mae'r cyfeilydd yn holl bwysig, yn wir yn bopeth. Gyda chyfeilydd da fe fedrwn i gyrraedd y man perfformio gan wybod mai dim ond rhyw ymarfer byr fyddai ei angen. O gyfarfod â chyfeilydd dieithr mae angen ymarfer llawer cyn y perfformiad.

O ran arddull mae'r tair yn gwbl wahanol. Byddai Susan yn cyfeilio heb gopi o gwbl. Roedd ganddi ryw arddull unigryw, yn debyg iawn i Richard Morris oedd yn cyfeilio i Hogia'r Wyddfa. Roedd hi'n llanw lan, fel petai, a'r ddau ohonon ni'n deall ein gilydd. Yr hyn oedd yn dda yn ei dull o chwarae oedd ei hamrywiaeth. Fyddai hi byth yn chwarae'r un darn yr un fath ac fe fyddai hi'n ychwanegu llawer at y caneuon.

Mae gan y ddwy arall eu harddull unigryw eu hunain. Ac mae'r ddealltwriaeth rhyngof fi â nhw wedi tyfu i fod bron yn reddfol. Yn wahanol i Susan fe fyddai Rhiannon yn chwarae o gopi o ryw fath. Nid bod angen hynny arni gan ei bod hi'n gwbl ddibynadwy. Ac am Annette, mae hi'n gwneud popeth gyda graen bob amser.

Rwy'n cofio unwaith mynd i ganu i Neuadd Dewi Sant, Caerdydd gyda Rhiannon. Roedd gen i ddau gyngerdd, un yn y prynhawn a'r llall y nos. Roedd gen i ryw arferiad o sefyll ar flaen fy nhroed ar adegau. Ac yno ar y llwyfan, a finne ar ganol canu, fe ddaeth sawdl un o'm sgidiau i bant. Fe wnes i lwyddo i fynd drwy'r darn a dyma'r gynulleidfa'n cymeradwyo a finne'n cerdded bant. Ond roedd Rhiannon yn dal wrth y piano yn disgwyl i mi wneud encôr. Ond fedrwn i ddim heb ddangos fod un o'm sgidiau heb sawdl. Bant â ni felly i chwilio Caerdydd am grydd i ail-osod y sawdl erbyn cyngerdd y nos. A thrwy ryw ryfedd wyrth fe wnaethon ni ffeindio un.

Dyna Eisteddfod Llangadog un tro wedyn. Gan fod gen i dwtsh o annwyd fe yfais i ddracht bach o wisgi i glirio'r gwddf. Cyn y gystadleuaeth fe es i i'r toiled, rhag ofn. Fe wnes i gau drws y toiled ond yna dyma sylweddoli nad oedd bwlyn ar y drws y tu mewn. Dyna ble'r o'n i felly, y gystadleuaeth ar fin dechre a finne'n methu dod mas. Dyma fi'n dechre gweiddi. Mae'n rhaid fy mod i wedi hitio top 'C'! A dyma ryw grwt bach yn clywed ac yn agor y drws i mi. Dyna ddiolchgar o'n i. I mewn â fi i'r llwyfan. Rwy'n cofio mai Rhys Jones oedd y beirniad. Yna dyma'r gyfeilyddes yn gollwng y copi i'r llawr. Roedd hi'n un o'r nosweithiau hynny! Roedd rhyw fenyw fawr dew yn troi'r tudalennau, a dyna ble'r oedd honno, â'i phen-ôl yn yr awyr, yn straffaglio i godi'r copi. Ro'n i ar ganol canu, ond dyma fi'n mentro rhoi un pip draw, ac fe ges i drafferth mynd yn fy mlaen. Rwy'n cofio Rhys Jones yn dweud: 'Timothy, fe gawsoch chi hwyl wrth ganu'r gân arbennig hon ym mhob ffordd.'

Flynyddoedd wedyn ro'n i'n cael swper yn y Grannell yn Llanwnnen pan ddaeth crwt ifanc, tal fyny ata i. A dyma fe'n fy nghyfarch: 'Shwd y'ch chi heno?' Finne'n ateb yn fonheddig 'mod i'n dda iawn. 'Chi ddim yn fy nabod i?' gofynnodd. 'Nadw,' meddwn i. A dyma fe'n dweud: 'Fi wnaeth eich gollwng chi mâs o'r toiled yn Llangadog.' Fe wnes i brynu peint iddo fe.

Ond er gwaetha'r ffaith i mi fod ar gannoedd o lwyfannau, wnes i byth lwyddo i goncro nerfusrwydd. Wn i ddim pam. Hyd yn oed nawr, yn arbennig petawn i'n cystadlu, fe fyddwn i'n crynu. Os rhywbeth, rwy'n waeth

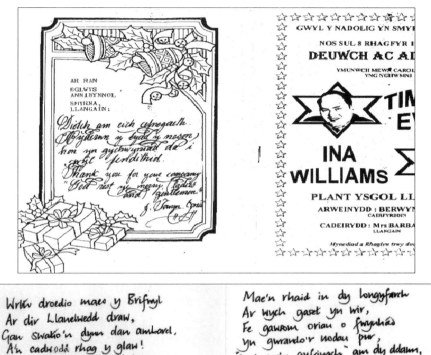

Cerdd o longyfarch gan hen ffrindiau, cerdyn yn diolch am fy nghyfraniad yn Eglwys Llangain a phoster yn hysbysebu'r noson.

nawr. Wrth gystadlu, mwya i gyd wnawn i ennill, gwaeth byth fyddwn i'n mynd. Fe fyddai'r pwysau'n cynyddu o lwyddiant i lwyddiant. Ac fe wnaeth hynny arwain at roi'r gorau i gystadlu. Doeddwn i ddim yn cael yr un mwynhad rywfodd. Wedi'r cyfan, beth yw pwynt cystadlu os nad y'ch chi'n hapus yn gwneud hynny?

Mae rhai'n mynnu fod teimlo'n nerfus cyn perfformio'n beth da. Maen nhw'n dweud wrthoch chi fod hynny'n eich cadw chi ar flaenau'ch traed. Wn i ddim am hynny. Y cyfan wn i yw na wnes i erioed lwyddo i goncro nerfusrwydd. Felly, ar ôl ennill cystadleuaeth Canwr y Flwyddyn yn Llangollen fe wnes i deimlo fy mod i wedi gwneud digon o gystadlu.

Yn wir, mae nerfusrwydd yn fy nharo mewn sawl maes. Hyd yn oed pan fydda i'n paratoi i ddangos creadur mewn sioe, fe fydda i'n ei chael hi'n anodd cysgu'r noson cynt. Mae'n rhaid i mi deimlo bod y creaduriaid yn edrych eu gorau cyn mynd. Hefyd rhaid cyfaddef fy mod i'n gollwr gwael. Rwy'n ddigon bodlon colli i rywun gwell na fi. Ond fe fydda i'n brifo os teimla i fy mod i wedi cael cam. Ond dyna fe, chwaeth yw popeth. Dyw pawb ddim yn gweld pethe'r un fath. Yn aml iawn bydd beirniad defaid, er enghraifft, yn tueddu i wobrwyo defaid mwy o faint. Popeth yn iawn, does dim byd o'i le yn hynny. Ond dyw dangos ffafriaeth ddim yn deg. Rwy'n ddyn goddefgar iawn, ond mae beirniad anonest yn dân ar fy nghroen. Dyna, bron iawn, yr unig beth mewn bywyd sy'n fy nghynddeiriogi. Dydi pawb ddim yn hoffi'r un peth. A da o beth yw hynny. Pawb a'i farn. Ond dim ffafriaeth, os gwelwch chi'n dda!

I aros ym myd y defaid, rwy'n tueddu at ffafrio dafad fynydd. Ond i mi, fe ddylai dafad fynydd fedru byw ar y mynydd. Ond heddiw maen nhw'n cael eu gwerthu o'r mynyddoedd lawr i dir gwell. Mae llawer ohonyn nhw o'r herwydd wedi tyfu a mynd yn ddefaid o wahanol deip. Mae eu pennau nhw wedi mynd yn drymach a'u clustiau nhw wedi ymestyn. Maen nhw'n colli'r caledwch sydd ei angen arnyn nhw ar y mynydd. Eto i gyd, os bydd beirniad yn mynd am y teip yna o ddafad drwy'r amser, popeth yn iawn. Fe alla i barchu barn. Ond pan welwch chi rywun wedyn yn gosod dafad fel hon yn gyntaf mewn un dosbarth, ac yna'n gwobrwyo un o deip cwbl wahanol am fod ffrind iddo'n ei pherchnogi, mae hynna'n anonest. Ac mae'r un peth yn wir am feirniad canu. Wrth gwrs, mae beirniad canu'n medru dweud pethe llawer mwy personol na beirniad sioe anifeiliaid. Un peth yw colli, ond peth anodd yw derbyn colli ar gam. Rwy wedi casáu colli ar gam erioed. Yn wir, rwy'n casáu colli!

Mewn perfformio mae nerfusrwydd yn amrywio'n fawr iawn rhwng ymddangos mewn cyngerdd a chystadlu mewn eisteddfod. Mae yna fyd o wahaniaeth, er bod llawer iawn yn ystyried fy mod i'n dueddol o ganu'n well mewn cystadleuaeth nag mewn perfformiad cyngerdd. Mae pawb bron iawn yn ddiwahân yn credu mai mewn cystadleuaeth y bydda i'n perfformio orau. Mewn cyngerdd mae rhywun yn cymryd perfformio lawer iawn yn fwy ysgafn. Ond dyw'r nerfusrwydd byth yn cilio boed yn perfformio neu gystadlu, boed hynny ar lwyfan neu mewn sioe amaethyddol.

Mae fy ngwahanol gyfeilyddion yn cytuno. Ar y ffordd fyny gyda nhw i gyngerdd neu eisteddfod fe fyddwn i'n dueddol o fod yn dawel iawn, rhyw hel meddyliau a gofidio. Ar y ffordd adre fe fyddai'n stori wahanol. Erbyn hynny fe fyddai'r pwysau wedi symud a byddai modd i mi ymlacio a chael hwyl.

Ar y nosweithiau cyn perfformio byddai'r pwysau ar ei waethaf. Wna i ddim dweud y byddwn i'n colli cwsg, ond yn hytrach teimlwn yn anesmwyth. A'r ofn mawr oedd y byddai fy llais yn mynd, y byddwn i'n ei golli. Dyna'r hunllef. Symud fy ngwefusau a dim byd yn dod allan. Mae llawer iawn o unawdwyr sy'n dioddef o annwyd neu wddf tost ond yn dal i fedru canu. Ond fedra i ddim. Hwn fu'r ofn mawr erioed. Nid torri lawr ond colli'r llais. Natur fy llais sy'n gyfrifol am y broblem. Mae gen i lais sydd ar lefel uchel iawn. Ac os wnâ i ddal annwyd neu ddioddef gwddf tost mae'r llais yn dueddol o gymryd amser cyn dod nôl yn glir. Yn wahanol i lawer, fedra i ddim canu drwy annwyd. Hunllef o dorri lawr sy'n poeni llawer o gantorion, ond nid fi. Hyd yn oed wedyn, o gyrraedd y lle bydda i'n canu ynddo a chael rhyw gerdded o gwmpas, fe gymer amser cyn y medra i ymdawelu ac ymlacio. Ond dyw'r nerfusrwydd ddim wedi fy ngadael i'n llwyr erioed.

A dyna'r gwahaniaeth rhwng cystadlu a pherfformio mewn cyngerdd, mae'n debyg. Mae cystadlu'n rhoi mwy o bwysau ar rywun. A'r mwya i gyd mae rhywun yn ennill, mwya o bwysau sydd arnoch chi i ennill mwy. Ac mae hynny'n ei dro yn rhoi mwy o bwysau ar ddisgwyliadau pobl ohonoch chi. Mae e fel rhyw gylch cythreulig. Ac mae hynny, yn naturiol, yn arwain at fwy o straen.

Dim ond o ddod adre y medrwn i ymlacio. Ble bynnag fyddwn i'n mynd, fe fyddwn i'n edrych ymlaen at gael mynd adre. Brogarwr ydw i ac mae Llanbed yn rhan ohona i. Ble bynnag wnes i fynd, ro'n i'n teimlo fy mod i'n cario Llanbed gyda fi. I gymhwyso'r hen dywediad hwnnw, fe allwch chi dynnu'r dyn allan o Lanbed, ond allwch chi ddim tynnu Llanbed allan o'r dyn.

Ac mae Llanbed wedi bod yn dda i mi. Heb Lanbed, fyddwn i'n ddim. A dyna pam wnes i wrthod cymaint o gynigion i fynd i goleg a theithio mwy. Mae'r gefnogaeth leol i mi wedi bod yn anhygoel, a hynny dros y blynyddoedd. Fe fydde rhai pobl yn galw yn y Swyddfa Bost heb unrhyw reswm ond i ddweud helo. Yn aml fe fydde pobl cwbl ddieithr yn sefyll wrth y cownter ac yn syllu arna i. Yna fe fydde un yn rhoi pwt i'r llall a dweud: 'Ie, fe yw e!' Ac yna fe fyddai'n mynd yn sgwrs.

Mae yna hen ddywediad sy'n mynnu nad yw proffwyd yn cael anrhydedd yn ei wlad ei hun. Wel, dwi ddim yn broffwyd, nac yn fab i broffwyd ond mae'r gefnogaeth rwy i wedi ei dderbyn gan bobl Llanbed wedi bod yn anhygoel. Bob tro fydda i'n mynd i ffwrdd fe fydd arna i hiraeth dwl am y lle.

Yr anrhydedd mwyaf ddaeth i mi erioed oedd cael fy ngwneud yn Gymrawd o Goleg Prifysgol Dewi Sant yn 2010 am fy nghyfraniad i'r ardal. Fe anrhydeddwyd fi a Dylan Iorwerth, Cyfarwyddwr Golygyddol Golwg ac rwy'n edrych ar hynna fel braint anferth. Ond y gwir amdani yw bod Llanbed wedi gwneud mwy drosta i na fedra i fyth ei dalu'n ôl.

Cael fy anrhydeddu yng nghwmni Dylan Iorwerth
gan Goleg Prifysgol Llanbed.

Gyda thlws Eisteddfod Ryngwladol Llangollen.

Disg a Dawn

Ar wahân i lwyfannau, rwy wedi canu fy siâr ar y cyfryngau hefyd, y radio a'r teledu. Fe ges i gyfle sawl tro i ymddangos ar Noson Lawen. Doedd hynny ddim yn wahanol iawn i ganu mewn cyngerdd. Fel mewn cyngerdd, ro'n i'n canu i gynulleidfa, ond fod yna gamerâu yno hefyd, a'r gofynion wedyn yn fwy ac yn wahanol yn dechnegol.

Ar Radio Cymru fe ges i gyfle i gyflwyno rhaglen gyfarchion Dai Jones ar nos Sul am ei fod e i ffwrdd yn ffilmio yn Seland Newydd. Yn wir, Dai ei hun wnaeth gynnig fy enw. Ac fe ofynnwyd i mi chwarae un o recordiau fy hunan. Roedd yna lawer o geisiadau amdani. Rwy'n falch deall gan Dai mai fy recordiau i yw rhai o'r ceisiadau mwyaf poblogaidd ar y rhaglen.

Ym mis Mehefin 2001 fe ges i gyfle i ymddangos gyda Dai ar Cefn Gwlad. Roedd Dai wedi rhoi'r gorau i gystadlu erbyn i mi gychwyn. Ond fe wnes i siario llwyfannau ambell i gyngerdd ag ef. Fe wnaeth e roi llawer o hyder i mi. Rwy'n cofio Dai a finne'n canu ym Mwlch-llan, a Dai'n dweud wrtha i fod fy llais i'n ei atgoffa o lais John McCormack. Dyna i chi deyrnged. McCormack yw un o'm harwyr mawr.

O flaen camera, yn anffodus, os bydd rhywbeth yn mynd o chwith mae e'n golygu cryn drafferth. Rwy'n cofio canu mewn Noson Lawen yn y Felindre ger Abertawe. Roedd y cynhyrchydd wedi gofyn i mi ganu un gân glasurol a dwy fwy ysgafn. Fe wnes i ddewis cân Bradwen Jones, 'Paradwys y Bardd' fel yr un glasurol. Mae hi'n gân fawr, yn gân hyfryd. Mae Bradwen Jones, a anwyd yng Nghaernarfon yn 1892 yn chwedl ym myd cyfansoddi. Fe enillodd bump ar hugain o wobrau am gyfansoddi mewn Eisteddfodau Cenedlaethol yn cynnwys saith yr un flwyddyn yn Wrecsam yn 1933. Fe

DAU GASET GAN SAIN

Y Tenor Poblogaidd o Lambed yn canu:-
Myfanwy, Y Dieithryn, Catari, Catari, Yr Hen Gerddor, Bu Farw ar Galfaria Fryn, Yr Hen Gapel Bach a rhagor....

Ar Gael o'r Diwedd ar Gaset - Cyngerdd Byw o Ffefrynnau Hogia Llandegai!

SAIN · LLANDWROG
CAERNARFON · GWYNEDD
(0286) 831-111

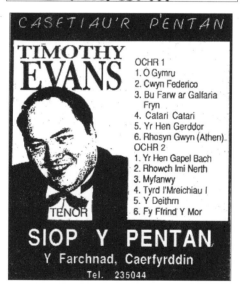

CASETIAU'R PENTAN

TIMOTHY EVANS

OCHR 1
1. O Gymru
2. Cwyn Federico
3. Bu Farw ar Galfaria Fryn
4. Catari Catari
5. Yr Hen Gerddor
6. Rhosyn Gwyn (Athen)
OCHR 2
1. Yr Hen Gapel Bach
2. Rhowch Imi Nerth
3. Myfanwy
4. Tyrd I'Mreichiau I
5. Y Deithrn
6. Fy Ffrind Y Mor

TENOR

SIOP Y PENTAN
Y Farchnad, Caerfyrddin
Tel. 235044

Cyhoeddusrwydd i'r casetiau cynnar gan Sain.

enillodd Paradwys y Bardd y wobr gyntaf yn Eisteddfod Lerpwl 1929. Bu farw'r cyfansoddwr yng Nghaergybi yn 1970.

Fe aeth y perfformiad o'r gân yn dda yn y Felindre, a finne bron iawn wedi cyrraedd y diweddglo. Yna, wrth i mi ddod at y llinell olaf dyma ffôn poced rhyw ffŵl yn canu. Roedd yr olwg ar wyneb y dyn sain yn ddigon. Fe fu'n rhaid i mi ac Annette ail-recordio'r gân i gyd.

Mae'r profiad o recordio mewn stiwdio ar y llaw arall yn gwbl wahanol i'r un o berfformio ar lwyfan. Y tro

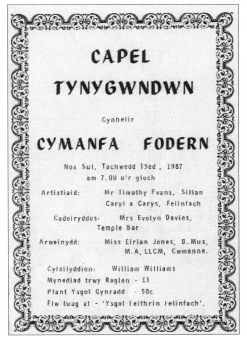

CAPEL TYNYGWNDWN

Cynhelir

CYMANFA FODERN

Nos Sul, Tachwedd 15ed , 1987
am 7.00 o'r gloch

Artistiaid: Mr Timothy Evans, Silian
                  Caryl a Carys, Felinfach

Cadeiryddes: Mrs Evelyn Davies,
                  Temple Bar

Arweinydd: Miss Eirian Jones, B.Mus,
                  M.A, LLCM, Cwmanne.

Cyfeilyddion: William Williams

Mynediad trwy Raglen - £1
Plant Ysgol Cynradd   - 50c
Elw tuag at - 'Ysgol Feithrin Felinfach',

Rhaglen un o fyrdd o gymanfaoedd canu y bum yn perfformio ynddyn nhw.

cyntaf i mi fynd fyny i Landwrog i Stiwdio Sain i recordio, ro'n i'n un o nifer o artistiaid ar gyfer recordio'r casét Lleisiau Llanbed. Y bwriad oedd ei gwerthu er mwyn codi arian ar gyfer dyfodiad y Brifwyl i Lanbed yn 1984. Arni roedd y chwiorydd Eirian a Meinir, Cwmann; Mari Ffion Williams, Gwion Thomas a finne, aelodau o'r criw eisteddfodol fyddai'n cystadlu'n frwd yn erbyn ein gilydd.

Rwy'n ei chael hi'n anodd iawn i ganu mewn stiwdio. Yn un peth does yno ddim effaith acwstig o gwbl. A mwya i gyd mae rhywun yn ymdrechu i ganu, gwaetha'n byd mae rhywun yn mynd. Does dim byd yn dod nôl. Dim ymateb. Does yno ddim enaid, rhywfodd. Yr arwydd i ddechrau canu yw'r golau coch yn fflachio. A doedd dim ond gweld hwnnw'n ddigon i mi golli fy anadl yn llwyr. Dyw e ddim yn fy mhoeni i o gwbl erbyn hyn. Ond ar y dechrau roedd e'n broblem.

Peth arall sy'n wahanol hefyd yw pan fo dau'n canu deuawd, mae'r ddau ganwr mewn stafelloedd gwahanol a'r cyfeilydd mewn stafell wahanol arall eto. Doedd hynny, wrth gwrs, ddim yn effeithio arna i. Fel arfer fe fyddai Annette a finne'n recordio gyda'n gilydd. Ac os o'dd yna leisiau neu effeithiau cefndir, fe gâi'r rheiny eu hychwanegu wedyn, drwms, gitâr ac ati.

O ddyddiau dewis y caneuon i'r amser recordio fe all amser hir fynd heibio. Mae angen dewis caneuon, ac yn aml caneuon Saesneg ydyn nhw sydd ag angen eu cyfieithu. Yna mae amser yn mynd cyn i'r caneuon hynny gael eu derbyn neu eu gwrthod gan ddeiliaid yr hawlfraint. Yn wir, yn aml iawn yn y stiwdio y byddwn i'n eu canu am y tro cyntaf. Yn ffodus, mewn stiwdio, mae modd ail-wneud recordiad. Yn wir, fe gaiff gwyrthiau eu cyflawni yno gan y technegwyr.

Pan ofynnwyd i mi recordio fy nghryno ddisg gyntaf fe olygodd hynny letya am wahanol gyfnodau yn y Black Boy yng Nghaernarfon. Heb sôn am yr holl baratoi, mae'r broses recordio ei hun yn cymryd cryn amser. Y nod fel arfer yw recordio tua phedair neu bum cân mewn diwrnod. Ac ar ôl diwrnod o recordio mae yna gryn straen ar y llais, felly rhaid gadael y recordio am sbel. Fe all gymryd misoedd i gwblhau un albwm. Mae rhai'n wahanol gan gywasgu'r cyfan i mewn i wythnos. Ond mae'n well gen i gael seibiant rhwng pob sesiwn er lles fy llais.

Sain sydd wedi bod yn gyfrifol am y pum albwm a'r casetiau rwy wedi eu recordio. Mae'r cwmni wedi bod yn dda iawn i mi, ac fe gyflwynwyd disg arian i mi gan Sain am werthiant uchel y disgiau. Rwy'n falch iawn o honno.

Profiad rhyfedd arall mewn stiwdio hefyd yw nad oes

neb o'ch blaen chi fel cynulleidfa. Does ganddoch chi neb gweladwy i ganu iddyn nhw. Rych chi, mewn ffordd, yn canu i'r wal heb unrhyw ymateb yn dod nôl. Mae'n anodd wedyn creu'r emosiwn y medra i ei greu ar lwyfan. Ond fel popeth arall, mae rhywun yn dod yn gyfarwydd â'r peth. Mae'r dewis o ganeuon yn bwysig, a fi sy'n bennaf gyfrifol am hynny. Mae angen cydbwysedd. Ond mae yna broblem weithiau gyda chyfieithiadau. Mae yna enghreifftiau lle mae deiliaid hawlfraint cân yn gwrthod ei derbyn yn y Gymraeg. Maen nhw'n gofyn am gael copi o'r cyfieithiad yn ogystal â chopi o gyfieithiad nôl i'r Saesneg o'r geiriau Cymraeg. Yn aml, wrth gwrs, dydi hynny ddim yn gweithio nac yn plesio.

Mae defnyddio cyfieithiadau o ganeuon Americanaidd yn cymryd hyd yn oed fwy o amser. Pan fydda i'n dewis cân sydd wedi ei chyfansoddi'n Saesneg fe fydd Meryl, fy chwaer yn cael y geiriau gwreiddiol a'u cyfieithu neu eu haddasu. Mae'r cyfieithiad hwnnw'n mynd fyny i Sain. Wedyn, Sain sy'n gorfod cyfieithu'r geiriau Cymraeg yn ôl i'r Saesneg ac anfon y gân at y deiliaid hawlfraint. Os yw'r rheiny wedyn y teimlo fod yna ormod o wahaniaeth rhwng y gwahanol fersiynau, fe wnân nhw eu gwrthod. Y gwir amdani yw y byddai'r gwahanol gwmnïau cyhoeddi wrth eu bodd yn derbyn cyfieithiadau llythrennol o'u caneuon.

Yn rhyfedd iawn chawson ni ddim trafferth o gwbl gyda chân Eric Clapton, 'Tears in Heaven'. Fe dderbyniwyd honno ar y cynnig cyntaf. Yn aml iawn, mwya i gyd yr enw, lleia i gyd o drafferth gaiff rhywun. Mae stori ddiddorol y tu ôl i'r cyfieithiad hwn. Mae pawb nawr yn cysylltu fy addasiad i â cholli Mam. Ond nid felly y bwriadwyd i'r gân fod. Fe'i haddaswyd hi gyntaf am y rheswm syml fy mod i wedi ffoli arni.

Ro'n i wedi claddu Mam a heb ganu fawr ddim ers tro. Ro'n i wrthi'n dewis deunydd ar gyfer fy nghryno ddisg nesaf ac fe gofiais am 'Tears in Heaven' fel un y byddwn yn hoffi ei chynnwys. Cân yw hi am fab bach pedair oed Eric Clapton, sef Conor a laddwyd mewn damwain. Fe syrthiodd allan o ffenest fflat ar drydydd llawr ar ddeg ar hugain adeilad yn Efrog Newydd ar Fawrth 20fed, 1991. Fe gyfansoddwyd y gân gan Clapton ar y cyd â Will Jennings ac fe fu'n rhif un yn siartiau America am dair wythnos yn 1992. Ar ôl i'r gân gael ei recordio mae'n debyg fod Clapton wedi methu â'i chanu'n gyhoeddus am gyfnod hir wedyn. Fe alla i ddeall pam.

Fe ffolais i ar y gân a dyma Meryl yn ei haddasu, a fyny â ni i recordio'r ddisg. Bryd hynny, ar ganol ymarfer y gân am y tro cyntaf wnes i sylweddoli ei harwyddocâd. Pan wnes i orffen ei chanu ro'n i'n teimlo braidd yn emosiynol. Dyma droi at Annette, ac roedd hi'n crio. Cofiwch, mae Annette yn ferch emosiynol. Mae ei gŵr yn ei galw hi'n 'Tiny Tears'! Ro'n i hyd yn oed yn waeth, mor emosiynol fel i mi ddweud wrth y technegwyr ac wrth Annette na fedrwn i ei hail-ganu. Ond yn wir, doedd dim angen. Roedd y recordiad cyntaf o'r ymarferiad cyntaf hwnnw'n berffaith. Roedd e'n deimlad rhyfedd. Fe allwn i dyngu fod Mam yno gyda ni.

Addasiad gwbl syml yw un Meryl, heb fod yn or-sentimental. Yn wir, symlrwydd y gân yw ei chryfder:

> Wnei di'n arddel i,
> Os dy weld yn y nefoedd?
> Beth a deimli di,
> Os cawn gwrdd yn y nefoedd?
> Rhaid bod yn gryf a chadw'r ffydd
> Gan mi wn nad oes 'na le yn y nefoedd.
>
> Wnei di ddal fy llaw
> Os dy weld yn y nefoedd?
> Fydd fy nhad gerllaw

Os cawn gwrdd yn y nefoedd?
Rhaid chwilio'r ffordd drwy'r dydd a'r nos
Gan mi wn nad oes 'na fodd mynd i'r nefoedd.

Anodd iawn yw'r daith,
Mae 'na siwrnai faith;
Dwed pa obaith ddaw,
Gawn ni gwrdd tu draw, cwrdd tu draw.
Tu ôl i'r drws mae hedd rwy'n siŵr
Ac ni fydd 'na ddagrau mwy yn y nefoedd.

Mater o chwaeth fu dewis cynnwys casetiau neu gryno ddisgiau. Doedd yna neb yn arbennig yn fy nghynghori. Os byddai cân yn denu fy sylw, fe fyddwn i'n ei nodi ar gyfer y posibilrwydd o'i recordio. Fe fyddai Mam hefyd yn effro iawn i adnabod cân addawol. Weithiau wnâi dim byd ddod o'r dewis. Bryd arall fe fyddwn i, os mai cân Saesneg oedd hi, yn gofyn i Meryl ei chyfieithu hi neu ei haddasu fel arfer. Mae ganddi hi lais yn y dewis hefyd, yn arbennig pan ddaw hi'n fater o ddewis caneuon fydd angen eu cyfieithu. Mae hi'n edrych ar bethe o agwedd cyfieithydd, wrth gwrs. Os yw hi'n teimlo y bydd cân arbennig yn rhy anodd ei chyfieithu, yna wnaiff hi ddim. Mae yna amseriad od mewn ambell gân sydd yn ei gwneud hi'n anodd ei chyfieithu, hyd yn oed yn amhosib ei chyfieithu'n gall.

Ond fy newis i fyddan nhw gan fwyaf. Rwy'n cofio mwynhau pot o de yn Falcondale unwaith a digwydd clywed un o gasetiau Daniel O'Donnell dros y system sain. Dwi ddim yn ffan mawr o Daniel O'Donnell, ond roedd y gân yn un addas a dyma'i nodi ar gyfer y dyfodol. Gwendid O'Donnell yw ei fod e'n dueddol o ganu pob cân yr un fath.

Mae pori drwy restrau fy wahanol recordiau'n rhoi syniad i rywun o'm hoff ganeuon. Ar gyfer fy albwm cyntaf fe wnes i ddewis cymysgedd o ganeuon eisteddfodol a darnau allan o gyngherddau. Fe wnes i ddewis eraill o blith caneuon o'n i wedi digwydd eu clywed a dod i'w hoffi. Roedd 'Yr Hen Gerddor', ffefryn mawr o hyd, a 'Rhowch i mi Nerth,' allan o opera Gounod 'The Queen of Sheba' yn ddarnau cystadleuol oedd wedi dod â llwyddiant eisteddfodol i mi. Roedd y rheiny ar frig y rhestr. Cyfansoddwr 'Yr Hen Gerddor' oedd David Pugh Evans o Lain-wen, Ffynonhenri ger Cynwil Elfed. Fe aeth i weithio mewn siop yn Llanelli lle bu'n dilyn dosbarthiadau nos. Un o'r athrawon oedd Joseph Parry. Fe aeth ymlaen i fod yn athro cerdd ei hun gan gyfansoddi nifer o ddarnau, yn eu plith 'Brad Dynrafon' ac 'Oleuni Mwyn'. Bu farw'n ddyn ifanc 31 oed a'i gladdu yn y Mwmbwls. Fe wnes i ennill yn y Genedlaethol ar yr unawd tenor gyda 'Rhowch i mi Nerth'.

Fe wnes i ddewis 'Rhosyn Gwyn Athen' a 'Fy Ffrind y Môr', addasiadau o ganeuon poblogaidd Nana Mouskouri oherwydd fy hoffter o'r ferch o Ynys Creta. Y gân 'O Gymru' wedyn. Mae hi'n glasur a gyfansoddwyd gan Rhys Jones ac a berfformiwyd gan Jane Evans. Rwy wedi canu llawer ohoni mewn gwahanol gyngherddau.

Mae 'Cwyn Federico' yn gân wahanol eto. Mae hi'n dod o opera Francesco Cilea, sef Laresiana, y geiriau gan Leopoldo Marenco ac wedi ei seilio ar stori gan Alphonse Daudet. Fe wnes i ennill droeon mewn gwahanol eisteddfodau gyda 'Cwyn Federico' ('Lamento di Federico'). Fe wnes i gynnwys hefyd 'Bu Farw ar Galfaria Fryn', cyfieithiad o 'He Died of a Broken Heart'. Fe wnes i gynnwys 'Catari, Catari', cân serch Neapolitan. Mae hi'n glasur a recordiwyd gan y meistri i gyd, Gigli, Tino Rossi, Mario Lanza fyny at Jose Carreras a Placido Domingo.

Addasiad o 'The Old Rugged Cross' yw 'Yr Hen Gapel Bach'. Fe'i cyfansoddwyd yn wreiddiol gan George Bennard, efengylwr o Ohio yn 1912. Roedd yna eisoes

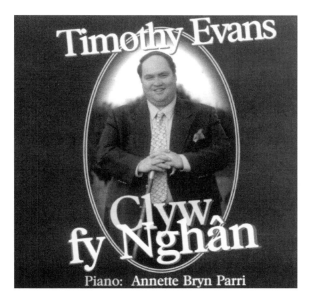

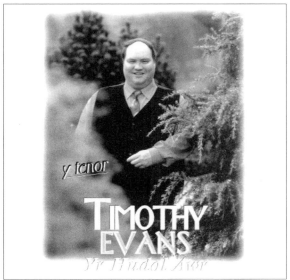

Troi i fyd y cryno ddisgiau, y ddwy gyntaf.

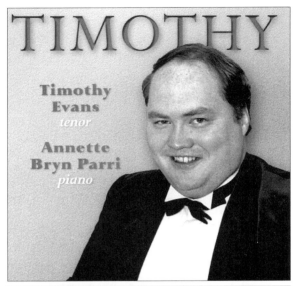

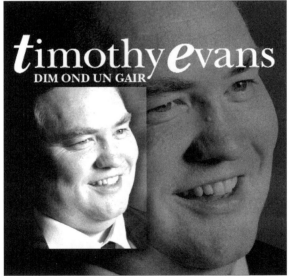

Mwy o gryno ddisgiau gydag Annette Bryn Parri unwaith eto.

gyfieithiad Cymraeg poblogaidd, 'Yr Hen Arw Groes'. Ond ro'n i am rywbeth newydd a gwahanol.

Ar fy albwm cyntaf roedd hi'n rheidrwydd, wrth gwrs, canu 'Myfanwy'. Doedd gen i ddim dewis. Ble bynnag y byddwn yn cynnal cyngerdd byddai'n rhaid i mi ganu 'Myfanwy'. Mae rhai snobyddion cerddorol yn gwrthod canu clasur Joseph Parry. Ond mae hi'n gân brydferth iawn a bydd galw mawr amdani bob amser, yn enwedig ymhlith Cymry alltud. Fe fyddwn i, fel arfer, yn ei chanu hi fel *encore* – a hynny'n dawel ac yn dyner.

Mae 'Tyrd i'm Mreichiau i', ar y llaw arall, yn gyfieithiad o gân serch ddigon cyffredin, 'Save Your Love for Me' gan Renee a Renato. Fe dreuliodd bedair wythnos yn rhif un nôl yn 1982. Un o gerrig llanw'r albwm oedd hon, rhywbeth ysgafnach yng nghanol emynau a chaneuon clasurol. I gloi fe wnes i ganu 'Y Diethryn', clasur Gymraeg gan Morgan Nicholas.

Yn dilyn llwyddiant yr albwm cyntaf fe wnes i gadw at yr un patrwm ar gyfer yr ail. Fe gyhoeddwyd y ddau o fewn ychydig flynyddoedd i'w gilydd ddiwedd yr wythdegau a dechrau'r nawdegau. Yr ail – cryno ddisg – oedd 'Nid yw'n Gyfrinach', teitl a gymerwyd o deitl un o'r caneuon, cyfieithiad o 'It is no Secret'. Fe'i cyfansoddwyd gan Stuart Carl Hamblen fel cân gospel ac fe'i recordiwyd gan amryw o artistiaid yn cynnwys Jim Reeves ac Elvis Presley.

Ar gyfer yr albwm hwn fe wnes i ddewis, ymhlith y caneuon clasurol, 'Una Fortima Lagrima' sef Y Deigryn Slei, aria allan o'r opera 'L'elisir d'amore' gan Donizzetti. Yn y gân mae Nemorino wedi prynu moddion cariad ar gyfer ennill calon Adina. Ond mae e wedi gwario'i arian i gyd ar win rhad. Fe ddaeth i enwogrwydd gyntaf gan Caruso, ac mae ei fersiwn ef i'w chlywed yn ffilm Woody Allen, 'Match Point'. O bob cân eisteddfodol, â hon fyddwn i'n cael fy

Fy nghryno ddisg olaf ers tro. Ond fe fydd un arall.
Enillodd gwerthiant y recordiau ddisg arian i fi.

nghysylltu. Os na fyddai unrhyw gân arall yn gwneud y tro, at hon fyddwn i'n troi.

Ymhlith yr emynau fe wnes i ddewis 'Os Caf Iesu', addasiad o emyn mawr Eben Fardd, 'O, fy Iesu bendigedig', a'r gytgan a gysylltir â'r emyn bellach wedi ei hychwanegu'n ddiweddarach. Mae e ymhlith emynau mwyaf poblogaidd Cymru.

Rhaid oedd cael cân o un o'r sioeau cerdd, ac fe wnes i ddewis 'Serch Sy'n Newid Popeth' ('Love Changes Everything') y brif gân allan o 'Aspects of Love' a agorodd yn y West End yn Llundain yn 1989. Crëwyd y sioe gan Andrew Lloyd Webber gyda Dan Black a Charles Hart. Fe recordiwyd y gân gan amryw o sêr yn cynnwys Michael Crawford a Michael Ball.

Rhaid fu cynnwys un o glasuron Joseph Parry, wrth gwrs

ac fe wnes i ddewis 'Fy Mlodwen'. Mae'r enw Blodwen yn cael ei gysylltu â Joseph Parry, yn bennaf yn dilyn cyfansoddi ei opera dair act o'r un enw a berfformiwyd gyntaf yn Neuadd Temprans, Aberystwyth yn 1878 gyda'r cyfansoddwr ei hun yn arwain. Credir mai dyma'r opera gyntaf erioed yn Gymraeg ac fe aeth ar daith gan lwyfannu 500 o berfformiadau erbyn 1896.

Ar yr albwm fe wnes i gynnwys cyfieithiad o gân Daniel O'Donnell a glywais gyntaf dros baned yn y Falcondale. Fe wnaeth Meryl ei chyfieithu o dan y teitl 'Dweud Ffarwél Mae yr Haul' ('When the Sun Says Goodbye to the Mountain'). Wedyn addasiad arall, 'Y Glöwr', sef fersiwn Gymraeg o 'It's a Working Man I Am' gan Rita MacNeil, cantores werin o Nova Scotia. Cyrhaeddodd y gân rif un ar ddeg yn y siartiau yn 1990. Mae yna fersiwn Gymraeg arall ohoni, wrth gwrs, gan John ac Alun, 'Y Chwarelwr'.

Rhaid oedd cynnwys cân operatig arall, ac fe wnes i ddewis 'O, Paid â Deffro Nawr o'th Hun' gan y cyfansoddwr Ffrengig Benjamin Godard. Cân Gristnogol wedyn, 'Yn yr Ardd', emyn prydferth C. Austin Miles 'In the Garden (He Walks with Me)' sy'n sôn am Grist yng Ngardd Gethsemane. Mae e wedi ei recordio gan Mahalia Jackson, ymhlith eraill. Fe'i canwyd yn y ffilm 'Places in the Heart' a ryddhawyd yn 1984 ac fe enillodd y ffilm, gyda Sally Field, Ed Harris a John Malcovich ddwy wobr Academi. Mae'n un o'r emynau prydferthaf sy'n bod.

Yna, cân operatig arall, clasur yn wir. Mae 'E luca le stelle', neu 'Mi Gofiaf Olau'r Sêr' wedi ei hanfarwoli gan Pavarotti ymhlith eraill. Daw allan o opera Puccini, 'Tosca' pan mae Cavarodossi yn canu ffarwel i Tosca cyn y dienyddiad. Mae yna hanes diddorol i'r gân wedi i Al Jolson ac eraill gael eu cyhuddo o gerdd ladrad yn 1920 a defnyddio'r alaw ar gyfer eu cân 'Avalon'. Cafwyd nhw'n euog a'u dirwyo $25,000.

Soniais eisoes am 'Baradwys y Bardd' gan Bradwen Jones, a'r ffôn poced yn canu ar y llwyfan yn y Felindre. Fe'i recordiwyd heb unrhyw synau allanol y tro hwn. I gloi fe wnes i ddewis 'Ffrindiau Bore Oes', addasiad o 'Amigos para sempre', y gerddoriaeth gan Andrew Lloyd Webber a'r geiriau Saesneg gan Don Black. Fe'i cyfansoddwyd ar gyfer Mabolgampau Haf Barcelona 1992 a'i recordio gan Sarah Brightman a Jose Carreras ac fe gyrhaeddodd rif un ar ddeg yn y siartiau.

Ychydig flynyddoedd yn ddiweddarach fe ddefnyddiwyd detholion o'r ddau albwm cyntaf gan Sain ar gyfer casét a chryno ddisg cyfun yn cynnwys deunaw o'r caneuon.

Yna dyma gais yn 1996 am albwm arall, a'r tro hwn penderfynais ei henwi ar ôl y gân deitl, 'Clyw fy Nghân', sef addasiad o gân fawr Joseph Locke, 'Hear my Song, Violetta'. Fe wnaeth e recordio'r gân yn 1947, ac fe ddaeth hi'n rhan annatod o'i *repertoire*. Mae hi yn nhraddodiad caneuon rhamantaidd clasurol poblogaidd Eidalaidd.

Fe ddewisais i 'Serch Sydd yn dy Lygaid' ('I Saw the Love in your Eyes'), a wnaed yn boblogaidd gan Vicky Leandros, cantores arall o wlad Groeg, fel Nana Mouskouri. Yna, dewis annisgwyl falle. Fe wnes i ddewis addasiad o un o ganeuon Abba, 'Mae Fel y Gwna Dau Hen Ffrind' yn addasiad o 'The Way Old Friends Do' o'u halbwm 'Super Trouper'. Wnaeth hon ddim hitio'r siartiau ond rwy'n hoff iawn ohoni. Yn wir, rwy'n hoff o Abba beth bynnag, maen nhw'n llawer mwy o gerddorion nag y mae pobl yn sylweddoli. Fe wnes i boeni llawer, am eu bod nhw mor enwog, na chawn i ddefnyddio'r addasiad ond ches i ddim trafferth o gwbl. Fe ddaeth caniatâd yn ôl ar unwaith.

Pan welan nhw enw'r gân 'Hiraeth' ar yr albwm mae pawb yn meddwl ar unwaith mai'r hen gân werin Gymraeg enwog yw hi. Ond na, cyfansoddwyd hon gan Elfed Dafis, un i ddynion tywydd S4C. Rwy'n hoff iawn ohoni. Fe wnaeth Annette drefniant gwahanol ohoni ac mae hi'n fersiwn bert iawn.

Addasiad o emyn Saesneg modern yw 'Canlyn Iesu'. Mae 'Hedd yn y Dyffryn', ar y llaw arall yn addasiad o emyn llawer hŷn, 'Peace in the Valley'. Fe'i cyfansoddwyd gan Thomas A. Dorsey yn arbennig i'r gantores Mahalia Jackson yn 1937 ac fe'i recordiwyd gan Johnny Cash ac Elvis ymhlith eraill. Hon oedd un o'r caneuon gospel cyntaf erioed i gael gwerthiant o dros fil o gopïau.

Mae 'Gaeaf Oer' yn addasiad o 'A Winter's Tale' a recordiwyd gan David Essex ac a gyrhaeddodd rif dau yn y siartiau yn 1982. Mae Essex yn ddisgynnydd i deulu o Dinceriaid Gwyddelig ac ymhlith ei senglau mae Myfanwy. Hon, yn ôl Meryl, yw'r gân fwyaf anodd iddi gyfieithu erioed. Roedd hi'n teimlo bod yr amseriad yn anodd, a'r canwr weithiau fel petai e'n siarad. Fe gymerodd hi amser cyn i Meryl lwyddo i gael y geiriau i gwympo i'w lle yn iawn.

Mae cân David Essex yn garolaidd ei naws, a chan fod yr albwm i ymddangos ar gyfer y Nadolig, fe benderfynwyd dilyn honno â phedair carol. Y gyntaf ohonynt oedd 'Geni Plentyn Bach', neu 'When a Child is Born'. Hon, gan Ciro Dammicco oedd unig rif un Johnny Mathis yn y DG, nôl yn 1976. Mae hi wedi ei recordio gan gantorion pop a chlasurol fel ei gilydd, o Andrea Bocelli i Placido Domingo, o Demis Roussos i Charlotte Church, Bing Crosby a Willie Nelson. Dyw'r fersiwn wreiddiol ddim yn cyfeirio at y Nadolig o gwbl ond mae'r ystyr yn glir.

I ddilyn honno fe wnes i ddewis y clasur 'Dawel Nos' ('Stille Nacht, heilige Nacht'), a berfformiwyd gyntaf yn Eglwys Sant Nicholas, Obernorf, Awstria ar noswyl Nadolig 1818. Y cyfansoddwyr yw'r Tad Joseph Mohr a Franz Xaver Gruber. Mae hi wedi ei chyfieithu i 44 o wahanol ieithoedd. I barhau'r naws Nadoligaidd fe wnes i ddewis 'O Sanctaidd Nos' ('Cantique dy Noel'). Y cyfansoddwr oedd Adolphe Adam yn 1847, y geiriau gan Placide Cappeau. Seiliwyd y fersiwn Gymraeg ar un o ddwy sy'n bodoli'n Saesneg.

Roedden ni un garol yn brin pan ddaeth Annette i'r adwy. Fe ddechreuodd hi ganu geiriau 'Wyt ti'n Cofio'r Nos Nadolig?' Dim ond rhyw frith gof oedd gen i o'r gân. Ond roedd Annette wedi clywed ei thad yn ei chanu pan oedd hi'n blentyn. Yn ystod bore'r recordio fe wnaethon ni fynd drwy'r alaw ac yna adre â hi i nôl y geiriau.

Mae'r record yn cloi gyda chân Nadoligaidd arall, 'Uchelwydd a Gwin', sef addasiad o gân Cliff Richard, 'Mistletoe and Wine'. Fe'i cyfansoddwyd hi'n wreiddiol ar gyfer y sioe gerdd 'The Little Matchgirl' ond fe'i newidiwyd, ac fe gyrhaeddodd frig y siartiau dros y Nadolig 1988.

Y record nesaf oedd 'Yr Hudol Awr', yn 1999 sy'n agor gyda 'Pam, Fy Nuw?', cyfieithiad o glasur Kris Kristofferson. Mae hon yn un o emynau modern mwyaf ein hoes. Fe fu recordio hon yn brofiad ynddo'i hun. Fe wnaeth Annette a'i dwy chwaer, Olwen a Maria, a fu'n canu gyda'i gilydd fel Genod Tŷ'r Ysgol recordio'r cefndir yn gyntaf. Ac ar ôl iddyn nhw wneud hynny roedden nhw yn eu dagrau. Ac mae hi'n gân emosiynol. Prin fod yna unrhyw gân grefyddol sy'n fwy personol a gonest na hon.

Un o ganeuon y BeeGees yw 'Breuddwydion Ffôl', sef 'The First of May'. Mae hon yn dod o'u cyfnod melodig ar ddechrau'r saithdegau, cyn iddyn nhw droi at ganeuon disgo. Cyfieithiad o un o ganeuon Daniel O'Donnell yw'r 'Hen Feibl', cân sentimental am yr hen Feibl ar y dreser, golygfa gyffredin ym mhob cartref yng Nghymru gynt, ond ddim bellach.

Rhaid oedd cael lle i un o ganeuon Nana Mouskouri unwaith eto, ac fe wnes i ddewis 'Cân Aderyn Bach'. Am y gân deitl, 'Yr Hudol Awr' does fawr ddim i'w ddweud amdani a dwi eisoes wedi cyfeirio at 'Kara, Kara'. Ac mae 'Dydd ar ôl dydd' yn gân fach sy'n cydio'n rhywun.

Mae 'Hudol Ynys' yn esbonio'i hun. Dyma addasiad o 'Island in the Sun', can a boblogeiddiwyd gan Harry Belafonte yn y ffilm o'r un enw yn 1957. Yn ogystal â bod yn ganwr ac yn actor roedd e hefyd yn ymladdwr pybyr dros hawliau sifil y bobl dduon yn America.

'Yr Aberth Drud.' Fe wnes i ddewis wedyn 'Oes mae 'na le', un o ganeuon hyfrytaf Tony ac Aloma. Mae Tony wedi cyfansoddi llawer o ganeuon gwych heb gael y clod dyladwy am hynny. Rwy'n cofio perfformio yng ngwesty Tony ac Aloma, y Gresham yn Blackpool. Roedd hynny ar gyfer rhaglen deledu oedd yn darparu syrpreisus i bobl. Fe wnes i ganu ar gyfer rhyw fenyw o'r gogledd. Fi, mae'n debyg, oedd ei hoff ganwr.

'Weithiau yn fy Mreuddwyd' yw'r cyfieithiad o 'My Heart Will Go On', cân serch Celine Dion yn y ffilm 'Titanic' a ryddhawyd yn 1997. Fe gyfansoddwyd y gwreiddiol gan James Horner a Will Jennings.

Yn 2001 fe gyhoeddwyd detholiad o ddeunaw o ganeuon o'r casetiau cynnar ac o fewn dwy flynedd dyma gyhoeddi 'Dim Ond Un Gair', y gân deitl yn addasiad o 'Words' gan y BeeGees. Dyma gân arall o gyfnod mwyaf llewyrchus y band, ac un rwy wrth fy modd â hi. Mae 'Duw ar y Mynydd' yn un arall o'r nifer o ganeuon crefyddol gospel eu naws sy'n ymddangos yn rheolaidd erbyn hyn.

Mae 'Rhosyn fy Nghalon' yn gyfieithiad o 'Rose of My Heart' gan Johnny Cash, cân wnaeth e 'i chysegru i'w wraig, June Carter. Mae hi'r gân serch berffaith. Mae hon, yn sicr, ymhlith fy ffefrynnau i. Mae tuedd gan rai i fychanu caneuon gwlad ond mae cân syml fel hon gystal ag unrhyw beth a gyfansoddwyd erioed.

Mae 'Os Na Ddaw Yfory Nôl' yn esbonio'u hunan sef cyfieithiad o 'If Tomorrow Never Comes'. Mae llawer yn

Adre yng nghanol fy nghasgliad o lestri

credu mai cân Ronan Keating yw hon. Ond na, cân yr artist canu gwlad Garth Brooks, a gyfansoddodd ar y cyd a Kent Blazey yw hi. Ar yr un cywair mae 'Eiddof Wyt Ti' ('You'r Forever Mine').

Ar 'Pokarekare Ana' rwy'n canu gyda Chôr Meibion y Traeth. Cân serch y Maoris yn Seland Newydd yw hi ac mae hi'n cael ei hystyried bellach fel anthem genedlaethol answyddogol y wlad. Bydd amryw'n gofyn i mi sut brofiad oedd e i ganu gyda'r côr. Ond wnes i ddim. Roedd y côr eisoes wedi recordio'u rhannau nhw, a finne wedyn yn ychwanegu fy llais fy hun yn y stiwdio. Annette oedd y tu ôl i'r syniad. Fel arweinydd Côr Meibion y Traeth fe feddyliodd y byddai'n syniad da i mi ganu gyda nhw. Fe wnaethon ni ddwy. Y llall oedd 'Hine Hine', y gân olaf ar y record. Mae Kiri te Kenawa wedi ei chanu hi droeon, cân Maori arall. Fe wnaethon ni ei haddasu hi i fod yn gân fedydd, gyda J. O. Roberts, aelod o'r côr yn ei chyflwyno gyda'i lais unigryw gyda'r adnod: 'Gadewch i blant bychan ddyfod ataf fi,' ac yna sŵn baban yn crio. Wyres fach J. O., sef Nel, merch Nia Roberts yw'r baban.

Rwy wedi canu'n fyw gydag amryw o gorau. Nôl yn nyddiau cyngherddau Saga yn y coleg yn Llanbed y diweddglo fyddai canu Myfanwy i gefnir Cor Cwmann. Mae hynny'n hawdd o'i gymharu ag ychwanegu llais ar gyfer côr yn y stiwdio. Mae 'Cwsg' yn addasiad o 'In the Sweet By and By, emyn gan S. Filimore Bennett a Joseph P. Webster a gyhoeddwyd yn America yn 1868. Mae yna fersiwn Gymraeg ohoni o dan y teitl 'O, Mor Bêr'. Mae 'Cymru Fy Ngwlad' ar y llaw arall yn addasiad o 'Beautiful Meath', cân o Iwerddon. Mae 'Bwrdd Du fy Nghalon' yn deitl arswydus. Cyfieithiad yw'r gân o 'Blackboard of my Heart' gan George Jones. Dyw hi ddim yn swnio mor ddrwg yn Saesneg. Fe gafodd ei recordio hefyd gan Hank Thompson a Daniel O'Donnell. Pan anfonodd Meryl y geiriau Cymraeg i'r cyhoeddwyr doedden nhw ddim yn fodlon ar ddim ond cyfieithiad llythrennol. A 'Bwrdd Du fy Nghalon' fuodd hi. Fedrech chi ddychmygu llinell lai rhamantus? Wnes i ddim torri'r newydd i Meryl nes i'r record ymddangos.

Fe gafodd geiriau 'Hen Fae Ceredigion' eu gwrthod droeon. Cyfieithiad o gân Americanaidd yw hi, a phan glywodd Annette fod y geiriau wedi eu gwrthod dyma hi'n mynd ati yn y stiwdio i addasu rhai o'r llinellau. Mae hi felly'n gân ar y cyd gan Meryl ac Annette.

Mae 'Estron Ydwyf Fi' yn addasiad o 'This World is Not my Home', emyn modern gan Albert E. Brumley a wnaed yn enwog gan Jim Reeves. Fe fydda i bob amser yn rhyw wrando allan am ganeuon addawol. Ond fydda i byth yn cysylltu llais yr un sy'n canu â'm llais i. Rwy'n dueddol hefyd o feirniadu llais yr unawdwyr fydda i'n eu gwrando yn yr un modd ag y bydda i'n beirniadu fy llais fy hun. Rhyw feddwl,

'Fe allai hynna fod ychydig yn well.' Y peth pwysig wrth chwilio am ganeuon addas yw eu bod nhw'n gwneud rhywbeth i chi, eu bod nhw'n creu rhyw emosiwn – trist neu hapus.

Ar 'Dagrau', fy record ddiwethaf, a gyhoeddwyd yn 2009 rwy wrth fy modd â'r cyfieithiad o gân Clapton, 'Tears in Heaven'. Honno yw'r brif gân. Mae'r record hon hefyd yn cynnwys rhai caneuon wnes i eu recordio o'r blaen, 'Pam, fy Nuw?', 'Hine Hine', 'Fel y Gwna Dau Hen Ffrind', 'Hedd yn y Dyffryn' a 'Hen Fae Ceredigion'. Llawer ohonyn nhw'n ffefrynnau Mam. A rhaid fu cynnwys, wrth gwrs, 'Kara, Kara', er gwaetha'r geiriau tila. Mae chwech ohonyn nhw wedi eu recordio am y tro cyntaf. Mae'r 'Fwyalchen' yn addasiad o 'If I Were a Blackbird' a wnaed yn enwog gan Ronnie Ronalde nôl yn y pumdegau ac 'Y Droell' yn addasiad o hen gân werin Albanaidd, 'The Spinning Wheel'. Cân o Ynysoedd Môr y De yw 'Yr Awel Fwyn', sef Matangi. Ac addasiad o un o ganeuon y cyfansoddwr gospel Mosie Lister yw 'Yr Aberth Drud'. Mae 'Fy Eiddo Wyt Ti' yn addasiad o 'Remember you're Mine' a ganwyd gan Pat Boone ac a fu yn y siartiau nôl yn y chwedegau cynnar. Addasiad o'r emyn 'Today I Followed Jesus' yw 'Canlyn Iesu'.

Mae llawer o'r caneuon dwi'n eu canu'n rhai crefyddol. Ac ydw, rwy'n grediniwr. Dwi ddim yn mynychy addoldy mor aml ag y dylwn i. Ond rwy'n mwynhau canu caneuon crefyddol. Maen nhw rhoi her i mi, fy herio i roi ystyr ynddyn nhw. Petawn i ddim yn grefyddol dwi ddim yn credu y medrwn i roi cymaint i mewn i'r caneuon hyn. Fedrwch chi ddim bod yn ddilys os nad ydych chi'n credu'r hyn y'ch chi'n ei ganu. Fedrwch chi ddim ffugio teimlad.

Roedd y profiad o recordio'r albwm 'Dagrau' fel rhyw fath ar gyrraedd pen talar yn fy mywyd. Ro'n i'n dynesu at fy hanner cant gan deimlo ei bod hi'n amser i edrych nôl ar y cwysi, fel petai. Nawr mae hi'n bryd symud ymlaen, ac mae yna gryno ddisg newydd ar y gorwel. Beth fydd arni, wn i ddim ar hyn o bryd. Ond fe ddaw caneuon o rywle. Maen nhw wastad yn dod.

Epilog

Fel y gwnes i nodi, dwi ddim wedi canu'n gyhoeddus – ar wahân i ganu mewn ambell briodas – ers colli Mam. Mae'n anodd dweud a ydw i'n gweld colli canu'n gyhoeddus. Mae e'n deimlad amwys, teimlad cymysg. Dwi ddim yn gweld colli'r holl deithio. Mae hynny'n flinedig ac yn mynd â llawer o amser y byddai'n well gen i ei dreulio'n gwneud rhywbeth arall. Dydw i ddim yn gweld colli'r nerfusrwydd yna sydd y tu ôl i'r meddwl bob tro y bydda i'n cyrraedd llwyfan. Ond rwy'n gweld colli'r cymdeithasu, sgwrsio â hen ffrindiau, y tynnu coes rhyngof fi a phwy bynnag sy'n cyfeilio. Ac ydw, rwy wrthi nawr yn casglu caneuon ar gyfer cryno ddisg newydd.

Nid fi yn bersonol sy'n gwbl gyfrifol am y ffaith nad ydw i wedi canu'n gyhoeddus ers tro. Does dim cymaint o gyngherddau'n cael eu cynnal y dyddiau hyn ag yr oedd. Ddeng mlynedd yn ôl, ro'n i allan yn rhywle bob penwythnos hyd berfeddion oriau mân y bore. Ambell waith, ddwywaith dros yr un penwythnos, fyny yn y gogledd yn amlach na heb.

Weithiau fe fydda i'n hiraethu am y nosweithiau hynny o ganu. Fe wnâi gwrdd, hwyrach, â hen ffrind a hwnnw neu honno'n dweud iddyn nhw fod mewn rhyw gyngerdd neu'i gilydd. Ac yna fe ddaw'r cwestiwn anochel: 'Pryd wyt ti'n dod nôl?' Bryd hynny rwy'n mynd braidd yn atgofus. Yn y bore wedyn, yng ngolau dydd rwy'n falch nad ydw i bellach ar y gylchdaith ddieflig. Ac fe fydda i'n troi yn fodlon at fy ngwaith ac at y defaid Torwen a'r merlod mynydd a'r ceffylau Shetland. Ro'n i wedi meddwl recordio cryno ddisg newydd erbyn diwedd 2011, ond ddaeth pethe ddim i fwcwl. Rwy wrthi nawr yn casglu caneuon addas, ac fe wna i fynd â'r maen i'r wal. Mae Meryl eisoes wedi cyfieithu

Wedi cyrraedd pen talar, a chyfle i ymlacio gartref.

ambell gân. Mae llunio'r gyfrol hon hefyd wedi bwyta i mewn i lawer o fy amser. Gyda chyhoeddi hon fe fydd gen i fwy o hamdden i baratoi.

Beth am gyngherddau? Wel, dwi ddim yn addo dim byd. Ond falle ... falle ... ar ôl recordio'r cryno ddisg gyda chaneuon fydd yn newydd i mi y gwna i gerdded llwyfannau unwaith eto. I fyny at farwolaeth Mam ro'n i wedi tueddu canu'r un caneuon drosodd a throsodd. Doedd gen i ddim byd newydd. Fe all y ddisg arfaethedig newid pethe. Fe fyddai hynny fel dechrau o'r newydd unwaith eto.

Hwyrach y gwna i ganu ar gyfer lansiad y ddisg newydd. Fe fyddan nhw'n newydd i mi ac i'r gynulleidfa. Mae amryw'n meddwl mai dewis bwriadol wedi i Mam farw fu fy mhenderfyniad i roi'r ffidil yn y to. Ond na, doedd e ddim yn benderfyniad pendant. Rhywbeth wnaeth ddigwydd oedd e.

Wedi cyrraedd yr hanner cant. Amser i feddwl am y dyfodol.

Wnes i ddim dweud wrth fy hunan: 'Alla i ddim canu fyth eto.' Doedd e ddim mor ddwfn, ddim mor bendant â hynny. Mae pobl, hwyrach, yn darllen rhwng y llinellau gan ddod i'w canlyniad eu hunain.

Roedd Mam wedi bod yn sâl am gryn gyfnod cyn iddi farw. Fe wnes i barhau i ganu yn ystod ei salwch tra gallwn i. Meryl fyddai'n mynd gyda fi wedyn o gyngerdd i gyngerdd. Ond fe fyddai gofyn i ni sgwrsio â hi cyn i ni fynd, a dweud wrthi drannoeth sut oedd pethe wedi mynd. Roedd ganddi ddiddordeb byw yn fy ngyrfa fyny at y diwedd.

Pan fu hi farw fe fu'n rhaid i mi, wrth gwrs, ganslo'r cyngherddau oedd yn yr arfaeth. Roedd e'n gyfnod anodd. Ac fe wyddwn i y byddai ambell gân yn fy ngwneud i'n emosiynol iawn gan y byddwn yn eu cysylltu â Mam. Mae pobl yn ymateb yn wahanol. Fe fyddai rhai'n well o fynd yn ôl i ganu ar un waith. Maen nhw'n dweud wrthoch chi, os wnewch chi ddioddef damwain car, mai gorau i gyd po gyntaf yr eisteddwch chi y tu ôl i'r llyw unwaith eto. Ond dwi ddim yn credu y byddwn i wedi medru gwneud hynny yn achos canu. A nawr, gan fy mod i wedi gadael pethe'n hirach nag y dylwn i, mae hi'n fwy anodd fyth.

Y gobaith yw y bydda i, o gyhoeddi'r ddisg nesaf, wedi dysgu stwff newydd ac yn medru cael dechreuad newydd hefyd. Fydda i ddim yn mynd yn ôl at yr hen ddeunydd – ar wahân i 'Kara, Kara', wrth gwrs! Dydi cân fach ysgafn fel honno ddim yn dod â dim byd emosiynol yn ôl, beth bynnag.

Mae'r cyhoedd yn medru gofyn gormod weithiau. Nid fy mod i'n eu beio. Maen nhw'n credu eu bod nhw'n berchen ar artistiaid maen nhw'n eu hoffi. Ond oddi ar lwyfan rwy'n dueddol o fod yn ddyn preifat, swil hyd yn oed. O flaen pobl rwy'n debygol o beidio â dangos fy nheimladau â chwerthin i ffwrdd unrhyw ofid. Oddi ar lwyfan neu pan na fydda i mewn marchnad neu sioe rwy'n hoffi llonyddwch. I rywun fel fi mae llonyddwch yn rhywbeth i'w groesawu.

Ond fy nghynulleidfa sydd wedi fy ngwneud i'r hyn ydw i o ran yr ychydig lwyddiant a ddaeth i'm rhan. Felly mae arna i ddyled iddyn nhw. A dyna pam rwy'n addo: dof, fe ddof yn ôl.

Rhwng y canu a'r creaduriaid mae bywyd wedi bod yn llawn. Fedra i ddim dweud fy mod i'n caru'r naill ddiddordeb yn fwy na'r llall. Y canu ddaeth â fi i amlygrwydd, wrth gwrs. A dyna reswm arall dros ail-gydio mewn pethe cyn hir.

Cawn weld.

I'r Brawd yn Hanner Cant

Mai'r seithfed ar hugain
Bum deg mlynedd yn ôl,
Fe enwid 'na fabi
Sydd heddiw'n llond côl.

William John Timothy,
Dyna enwid y crwt,
Yn wir, clamp o enw
Ar fabi mor dwt.

Hen sgrechgi bach oedd e
Ac yn wenwn i gyd,
A bydde rhai'n dadle 'i
Fod e felna o hyd.

Roedd e'n hoff iawn o binsio,
A chael ei sbolio gan bawb
Ac yn hoff iawn o glapian –
Felly'n boendod fel brawd.

Mrs Williams Arfryn
Odd yn fenyw fach neis,
Pan ddaeth hi i siopa,
Wel mi gafodd syrpreis.

At lan aeth ei ffroc,
Bron cyrraedd i'r bronne,
A Timo'n enjoio
Wrth swmpo ei choese.

Roedd yn gas ganddo jyrms,
A mi olchodd y cwennod;
Mi foddodd gryn ddwsin,
A hynny mewn diwrnod.

I Gaerfyrddin yr aethom
Lle prynodd e grwban,
A chyn diwedd y dydd
Fe achosodd e ffwdan.

Aeth â'r bocs mewn i'r caffi,
Ond mi gododd y top,
A'r weitres a sgrechodd
Pan ddaeth hi â'r pop.

Hen 'lisp' fach oed ganddi –
'S' yn troi'n 'eth' mewn mistêc,
A dyma hi'n gweiddi:
'What ith it? A thnake!'

Ie, hen bentre bach Silian
Oedd cychwyn y daith,
Ac yna yn Llanbed
Yn y Post cafodd waith.

A'r tu ôl i'r cownter
Roedd Alun, Joyce a fe,
A rhwng y tri gyda'i gilydd
Roedd 'na dipyn o le!

Mae ganddo fe'i ddefed
Ac hefyd geffylau,
Ond gormod o stoc
A dim digon o gaeau!

Ac wedyn daw ffôn
Am i Rhys ddod â lori
I nôl dafad neu ddwy –
Mae 'na brinder lle pori.

Ond os daw yna oen,
A hwnnw'n un teidi,
Mae'n ei fynnu fe nôl,
A hynny'n reit handi.

Mae 'na air mawr yn Saesneg
Sef 'perfectionist',
Wel, Timo yw hwnnw,
O hynny rwy'n dyst!

Ar ôl bod yn cyfieithu
Am oriau go faith,
Peth braf yw cael clywed:
'Sai'n meddwl lot am dy waith.'

'Os raid cael "a" fan hyn?
Dydi'r "o" ddim yn ffito.
A lwyddaist erioed
I gael geire i siwto?'

'Sai'n canu rheina!
Yn wir, does dim siap!
I fod yn reit onest,
Mae dy eirie di'n crap!'

A dyna'i chi ddiwedd
Am sbel ar gyfieithu,
Ein dau wedi pwdi
A'r geirie o'r neilltu.

Ond rhywsut neu'i gilydd
Fe fyddwn yn llwyddo,
Pob gair yn ei le,
A daw taw ar y cwyno.

Rwy'n dal i obeithio
Y caf chwaer yng nghyfraith,
Ond o, mae 'na brinder
O fenywod sy'n berffeth.

Rhaid diolch i Rhiannon
Ac hefyd i Siwsan
Am chwarae'r piano
Neu weithiau yr organ.

A hithau Annette,
Be weda' i amdani?
Ie, tipyn o haden
Yw Mrs Bryn Parri.

Mae hi, Gwyn a'r teulu
Yn annwyl iawn iddo,
A phan gyda'i gilydd
Does neb yn bihafio.

Mae e wedi trafaeli
I bedwar ban byd,
Ond hen bentre bach Silian
Yw'r Nefoedd o hyd.

Mae e wedi cyflawni
Gwir gampau di-ri,
Mae e'n enwog drwy Gymru
Fel tenor o fri.

Yn ffrind neu yn Wncwl,
Mae'n annwyl gan bawb,
Ond i mi mae e'n gefen
Ac yn gariad o frawd.

Felly codwch eich gwydrau,
Ymunwch â fi –
Llwnc-destun i Timo,
Pen-blwydd Hapus i ti!

Meryl

Hunangofiannau eraill o Wasg Carreg Gwalch

'Mae'r dramodydd Meic Povey wedi creu sawl cymeriad bythgofiadwy ar lwyfan a theledu dros y blynyddoedd, ond ef ei hun yw'r gwrthrych yn ei waith diweddaraf, a gellid dadlau ei fod yn llawer mwy cofiadwy a lliwgar na'r un ohonynt.' – Tudur Huws Jones, *Daily Post Cymraeg*

'... dyma'r agosaf peth i berffeithrwydd i mi ei ganfod erioed o fewn y byd hunangofiannol ... llwyddodd Meic Povey i droi brwydr a marwolaeth ei wraig yn stori am brydferthwch ac urddas.' – Lyn Ebenezer, *Gwales*

'Dwi ddim yn dal yn ôl – yn bersonol nac yn fy ngwaith.' – Meic Povey, *Y Cymro*

'Mae hon yn llawer mwy na chyfrol ar jazz – mae hi'n gofnod hanesyddol hefyd am Dre'r Sosban pan oedd y lle'n brifddinas y diwydiant tun, cyfnod pan oedd cymdogaeth dda yn rhywbeth llawer mwy nac ystrydeb. Mae hi hefyd yn cofnodi brwydr bersonol Wyn dros gyfiawnder i bobl ddu ...' – Lyn Ebenezer, y golygydd

'Mae Wyn Lodwick fel ei gerddoriaeth – yn gwneud ichi deimlo'n hapus, braf. O fewn munud neu ddwy i'w weld eto, bydd eich hwyliau'n well.' – Dylan Iorwerth, *Golwg*

'... hunangofiant eithriadol ddarllenadwy hwn sy' fel petai yn crisialu statws Wyn Lodwick yn y byd diwylliannol Cymraeg, ei gariad at Lanelli a'i gymeriad hoffus ...' – *Gwales*

www.carreg-gwalch.com

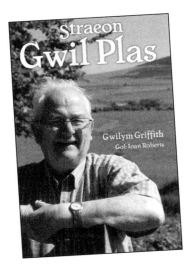

Ffarmwr, gwerthwr wyau, actor, canwr, adroddwr, cynhyrchydd dramâu, arweinydd corau, cymanfaoedd a nosweithiau llawen ... prin iawn ydi'r bobl sydd wedi cyfuno cymaint o weithgareddau yn ystod ei oes â Gwilym Griffith, Llwyndyrys.

Mae hiwmor a hynawsedd yr awdur yn pefrio ar bob tudalen, a'r portread cynnes o gymuned fywiog sydd 'yma o hyd' 'er gwaethaf pawb a phopeth' yn ysbrydoliaeth i bob ardal wledig ym mhobman.

Glywsoch chi am yr hogyn bach o Gricieth oedd isho mynd ar y môr?

Cafodd Henry Jones, neu Harri Bach, ei fagu yng Nghricieth, ac yno y mae wedi treulio y rhan helaethaf o'i fywyd, a'i fys mewn sawl briwas! Ar hyd y blynyddoedd, gwisgodd sawl cap – adeiladwr, ymgymerwr, cynghorydd a ffermwr – ond yn fachgen, rhoddodd ei fryd ar gael hwylio'r byd.

Yn y gyfrol ddifyr hon cawn rannu ei anturiaethau, profi ei hiwmor ffraeth a chyfarfod â llu o gymeriadau lliwgar – a darganfod canlyniadau smyglo parotiaid i Gymru!

www.carreg-gwalch.com

Artist yn adrodd hanes ei yrfa – sut y trodd ei ddawn yn ffon fara a sut y trodd o fod yn athro i fod yn rhan o stiwdio gydweithredol

Mae gan Anthony Evans arddull arbennig wrth beintio – mae'n creu canfas fflat, dywyll ac yna'n ychwanegu pelydrau'r golau. Mae hynny'n cyd-fynd â'i athroniaeth hefyd, meddai: 'Mae arlunwyr yn gweithio o'r tywyllwch i'r goleuni.'

Mae'n teithio Cymru yn rheolaidd yn braslunio golygfeydd, yn mynd â'i waith i wahanol orielau ac yn trefnu arddangosfeydd. Mae'n rhannu ei brofiadau am grefft a busnes byd celf yn y gyfrol hon.

Ymhlith y miliynau o gerbydau newydd sydd ar y ffordd fawr ym Mhrydain, gallwch fod yn siŵr fod tua un o bob pedwar yn rhedeg ar deiers a werthwyd gan gwmni o Aberystwyth.

Tyfodd y cwmni o fod yn fusnes undyn yn 1971 i fusnes teuluol sydd bellach yn cyflogi tri dwsin o staff, gan gyflenwi tua hanner miliwn o deiers bob blwyddyn.

Dyma un o'r cwmnïau prin hynny sydd wedi cynyddu ei drosiant a'i elw'n ddi-feth o flwyddyn i flwyddyn, Teiers Cledwyn sy'n cadw'r byd i droi.

www.carreg-gwalch.com